Für alle,
die mir am Herzen liegen.

1. Auflage 2024

© Ueberreuter Verlag GmbH, Berlin 2024

ISBN 978-3-7641-5255-0

Dieses Werk wurde vermittelt durch die
Langenbuch & Weiß Literaturagentur.

Lektorat: Angela Iacenda

Umschlag- und Innenillustrationen: Mareike Ammersken

Druck und Bindung: GGP Media GmbH, Pößneck

Satz: Greiner & Reichel, Köln

Gedruckt auf Papier aus geprüfter nachhaltiger Forstwirtschaft.

www.ueberreuter.de

GREGOR WOLF

LIVA BÄRENTOCHTER
WILDES KIND DES WALDES

ueberreuter

~ 1 ~

Bärenmutter

»Es war eine schreckliche Nacht. Blitze zuckten und der Donner grollte. Kinder krochen unter Tische, Erwachsene drängten sich um den prasselnden Kamin und die Kleinsten weinten in ihren Wiegen. Alle Fenster waren geschlossen, alle Türen verriegelt.« Der alte Mann hielt inne und zog an seiner Pfeife. Während er den Tabakrauch in die Luft blies, blickte er in die weit aufgerissenen Augen der vielen Kinder, die sich um seinen hölzernen Schaukelstuhl geschart hatten.

»Und dann, Johan?«, fragte ein Junge, der schon etwas älter und größer war als die anderen.

»Dann?«, wiederholte der Alte und fuhr flüsternd fort: »Dann brach die Erde auf und Bärenmutter kroch hervor.«

»Aus der Erde?«, stotterte ein kleines Mädchen.

Johan nickte und kaute auf seiner Pfeife.

»Ist sie groß?«

Johan hob seinen Arm über den Kopf, so weit er konnte. »Sie ist riesig, so hoch wie ein junger Baum, und breiter als ein Scheunentor und stärker als zehn Männer. Ihre Zähne sind schwarz

 3

und ihre Augen leuchten gelb. Die Haare sind zottelig wie der Pelz eines alten Bären. Und sie ist fürchterlich wütend!«

Liva hockte draußen unter dem offenen Fenster und hielt sich die Hände vor den Mund, damit sie nicht laut loskicherte. Der graue Kater, der sich zu ihren Füßen eingerollt hatte, sah auf. »Deine Menschen, wenn die wüssten«, flüsterte sie. »Milva ist die freundlichste Waldtrollige weit und breit und wird eigentlich nie wütend. Gut, sie ist stark und breit, aber viel kleiner als ein Baum. Und ihre Zähne sind auch nicht schwarz, sondern gelb und ihre Augen leuchten höchstens hellblau. Was denkt sich dein Johan-Mensch nur?«

Der Kater schnurrte und legte seinen Kopf wieder auf die Vorderpfoten.

Liva kraulte ihm das Fell. »Bärenmutter«, fuhr sie nachdenklich fort. »Als wäre sie ein Bär. Milva kann zum Bären werden, weißt du? Aber sie verwandelt sich selten. Von Blütenerwachen bis Schneefall vielleicht so oft, wie Kirschen aus einer Knospe kommen. So wie dein Johan-Mensch da redet, ist er meiner Mutter doch noch nie begegnet! Und mit ihr gesprochen hat er auch noch nie. Sonst wüsste er, dass Milva viel netter ist, als er erzählt.«

Der Kater maunzte kaum hörbar.

»Gut, sie mag keine Menschen«, raunte Liva. »Aber sie würde ihnen nichts tun, außer sie muss. Aber das habe ich noch nie erlebt. Der macht den Kindern doch nur Angst.« Sie schüttelte ihren Kopf. »Deine Menschen sind schon seltsam.«

»Und warum war sie gekommen?«, fragte das kleine Mädchen.

Liva hielt die Luft an. Die Geschichte ging weiter. Sie ließ von dem grauen Kater ab und spähte vorsichtig durch das offene Fenster in die Stube.

»Nun.« Johan senkte den Kopf und legte die Pfeife auf seinen Oberschenkel. »Wir waren gierig geworden und hatten uns aus dem Wald genommen, was wir wollten. Viel mehr als wir zum Leben brauchten. Das hat die Waldgeister erzürnt. Und sie haben Bärenmutter geschickt. Sie kam also, um uns zu bestrafen und zu warnen. Niemals mehr sollte auch nur ein Krautsaumer einen Baum schlagen oder ein Tier des Waldes töten. Sie hat es uns einfach verboten. Aber nicht alle haben sich daran gehalten.« Johan verstummte.

Die Kinder starrten ihn gebannt an. Genauso wie Liva, die, wenn es nach ihrer Mutter ging, gar nicht hier sein durfte.

»Und was ist mit denen geschehen, die nicht auf die Bärenmutter gehört haben?«, fragte jetzt ein drahtiger Junge das, was alle wissen wollten.

Johan pfiff durch die Zähne. Sein Blick wanderte über die Kinder hin zum Fenster. Schnell zog Liva den Kopf ein. »Nicht einer kam aus dem Wald zurück«, hörte sie seine Stimme. »Nicht einer.«

Die Kinder raunten und murmelten.

»Seitdem sammeln wir Krautsaumer nur das, was uns der Wald lässt«, fuhr Johan fort. »Gefallenes Holz und reife Früchte, die kaum mehr am Strauch hängen. Tannenzapfen, Bucheckern, Eicheln und was wir eben sonst noch am Waldrand finden können.« Jetzt stimmten die Kinder in Johans Worte ein, als würden sie ein ehernes Gesetz, eine festgeschriebene Regel wiederholen, die jeder Mensch im Dorf Krautsaum kennen und befolgen musste. »Wir jagen nicht und schlagen keinen Baum, brechen keinen Ast und bleiben nur am Saum.«

Liva blickte zum Himmel. Auch wenn die Tage schon lang wa-

 5

ren, legte sich die Sonne bereits schlafen und die Sterne begannen zu funkeln. Liva seufzte. *Das wird wieder Ärger geben.* Ihre Mutter wartete sicher und sie merkte es jedes Mal, wenn ihre Tochter bei den Menschen gewesen war. Aber Liva kam zu gerne hierher, in das Dorf nahe dem großen Wald. Menschen faszinierten sie. Außerdem fand sie hier immer irgendetwas Nützliches. Ihr Blick fiel auf das Bündel mit den Stoffen, das neben ihr im Gras lag und vor einigen Augenblicken noch in einem Garten auf der Leine gehangen hatte. Menschenstoffe waren einfach viel schöner als Moose und Grasmatten. Gut, manchmal kratzten sie. Aber das ging mit der Zeit weg. Liva fragte sich, wann ihre Mutter endlich einsah, dass Menschensachen hilfreich waren und ein wenig Farbe in das ewige Grün und Braun des Waldes brachten.

In diesem Moment drang eine aufgebrachte Frauenstimme an ihr Ohr. »Bei allen Waldgeistern, Reiser! Wo ist das Festtagshemd und wo die Hose? Hast du sie schon reingeholt?« Es klang, als würde die Stimme aus dem Garten kommen, wo Liva die Menschensachen gefunden hatte. Höchste Zeit zu verschwinden. Sie war sowieso schon zu lange hier. »Ich muss zurück«, flüsterte sie dem Kater ins Ohr, kraulte ihm noch einmal das Fell und schob sich dann vorsichtig unter dem Fenster weg, durch lila Schwertlilien und gelbe Trollblumen auf den Holzzaun zu, der den Garten der Dorfhütte begrenzte. Im Schutz der hereinbrechenden Nacht kletterte sie über den Zaun und sprang dann fröhlich dem finsteren Wald entgegen, das Stoffbündel fest unterm Arm.

~ 2 ~

Livalamisursimani

Silbrig schien der gerade erwachte Mond auf den schmalen Fluss, der den Wald wie eine warnende Markierung von den sanften Hügeln der Menschenwelt abgrenzte. Die Grillen zirpten und ab und zu schoss eine Fledermaus durch die kühle Nachtluft. Hier gab es keine Felder und Weiden, nur hohe blühende Sommergräser und wilde Kräuter. Liva öffnete das Bündel und betrachtete im Mondlicht die Stoffe, die sie mitgenommen hatte. Einer war blau wie eine satte Kornblume und teilte sich in zwei lange Schläuche, die oben und unten offen waren, wie die abgelegte Haut einer Schlange. Liva wusste, dass die Menschen so etwas an den Beinen trugen. Aber sie hatte eine viel bessere Idee und legte sich den Stoff um die Schultern. Die beiden Schläuche wickelte sie sich um den Hals. Das würde helfen, wenn es wieder kälter wurde. Der zweite Stoff war weiß, und Liva hatte ihn eigentlich nur deshalb genommen. Weißer Stoff war etwas ganz Besonderes. Liva hielt ihn hoch, um ihn zu betrachten. Auch dieses Stück hatte zwei Schläuche, die aber dünner waren. Dafür konnte man den Rest vergrößern, wenn man die seltsamen Holzzapfen aus den Löchern zog. Menschen

7

trugen das um den Bauch und die Arme. Sie knöpfte das Stoff-stück auf und band es sich mithilfe der Schläuche um die Hüfte. Das sah einfach wunderschön aus und sie konnte es vorne tragen oder nach hinten drehen. »Sehr praktisch«, murmelte sie und blickte zum Mond. »Jetzt aber schnell.«

Liva folgte dem Fluss. Sie dachte gar nicht daran, sich zu verstecken. Aus Angst vor ihrer Mutter hatte hier schon lange kein Dorfmensch mehr geangelt. Außerdem war es Nacht und die Menschen verließen bei Dunkelheit nur sehr selten ihre Häuser.

Kurz darauf erreichte sie einen Schilfgürtel, der am Ufer des Flusses wuchs. In das Grillenzirpen mischte sich nun auch das eine oder andere Froschquaken. Hier war der Fluss zwar breiter, aber dafür ganz flach. Liva trat in den kühlen Uferschlamm. Sie liebte es, wenn ihre nackten Füße durch den Matsch schmatzen. Ganz behutsam schob sie sich durchs Schilf. Sie wollte niemanden stören, nicht den Purpurreiher, der den Kopf unter einen seiner Flügel gesteckt hatte, oder das Tüpfelsumpfhuhn im Nest oder die Quelljungfern. Niemand wurde gerne aus dem Schlaf gerissen, egal ob groß oder klein. Dann öffnete sich das Schilf und gab den Blick auf das flache Flussbett frei, in dem das Wasser über die Steine gurgelte und plätscherte. Mit schnellen Schritten durchquerte sie den Fluss und verschwand auf der anderen Seite im dichten Saum des Waldes.

Schwärze umfing Liva. Unter ihren Füßen spürte sie den Waldboden mit seinen Wurzeln und Moosen und sie atmete den würzigen Dampf von Erde und Harz. Auch hier zirpten die Grillen ihr nächtliches Konzert, begleitet vom Ruf des Kuckucks und einem stetigen Rascheln und Knacken, das von allen Seiten kam. Liva klimperte zweimal mit den Augen, dann verschwand die Dunkelheit und sie konnte sehen. Nicht so gut wie am Tag, aber gut genug, um Grimbart Dachs zu grüßen, der im Unterholz nach Fressbarem schnüffelte. Plötzlich kribbelte es auf ihren Füßen. Ein Tausendfüßler suchte sich seinen Weg. »Entschuldige«, murmelte Liva. »Verkrieche dich lieber. Grimbart ist in der Nähe.« Sie schüttelte ihn sanft ab und sprang weiter. Das Unterholz war kein Hindernis für sie. Sie wusste, wie sie sich zu bewegen hatte. Immerhin lebte sie schon ihr ganzes Leben in diesem Wald, und ihre Mutter hatte ihr alles Wichtige beigebracht.

Bald erreichte sie eine Senke, die vollständig mit Farn bedeckt war. Dank der wenigen Bäume drang das Mondlicht bis auf den Waldboden, und in seinem Schein tanzten unzählige glimmende Leuchtkäfer. Liva blieb am Rand des Farns stehen und folgte fasziniert dem funkelnden Treiben. »Darf ich mich eurem Reigen anschließen und über den Farn tanzen?«, fragte sie nach einer Weile und verneigte sich.

Die Leuchtkäfer hielten einen Augenblick inne, dann tanzten sie weiter. Liva verstand das als Aufforderung. Sie warf ein Bein hoch, drehte sich, machte den Buckel krumm und hopste einen Schritt vor, um dann das nächste Bein hochzuwerfen und das Ganze zu wiederholen. Es war mehr ein Stampfen und Hüpfen als ein Tanz, aber das machte nichts. Die Leuchtkäfer umschwirrten sie und brachten sie über die Lichtung. Liva verbeugte sich noch einmal. »Vielen Dank für eure Begleitung. Verratet es aber nicht den Schmetterlingen.« Dann setzte sie ihren Weg fort.

Es dauerte noch eine Weile, bis Liva auf einen seichten, eisigen Bach traf, der sie durch eine schmale Klamm und endlich auf

eine Lichtung führte, auf der sich ein Hügel erhob, in dem sie und ihre Mutter lebten. Zwischen den Bäumen, die darauf wurzelten, öffnete sich ein felsiger Spalt, aus dem es sanft grünlich schimmerte: der Eingang zu Milvas Haus. So nannte sie die Höhle, weil die Menschen ihre Höhlen auch immer *Haus* nannten. Sie stapfte mitten durch den wilden Garten ihrer Mutter auf den Eingang zu.

Als sie in den Hügel trat, umfing sie das grünlich schimmernde Licht, das von vielen kleinen Pilzen ausging, die am Rand des Höhleneingangs wuchsen. Wieder klimperte Liva zweimal mit den Lidern und schon hatten sich ihre Augen an die Helligkeit gewöhnt. Fröhlich summend stapfte sie weiter, unter hängenden Wurzeln hindurch, einer Biegung folgend nach rechts und wieder nach links, bis sie vor einem dichten Wurzelvorhang stand. Sie blähte die Backen und blies darauf. Sofort und ganz selbstständig teilten sich die Wurzeln, wichen zur Seite und gaben den Weg frei. Dahinter öffnete sich eine große Höhle. Von der Decke hingen viele Wurzeln, mal kürzer, mal länger, und bildeten weitere Vorhänge, die den einen oder anderen Höhlenraum abtrennten. Auch hier war alles von dem grünlichen Pilzschimmer erfüllt.

»Livalamisursimani!«, brummte es hinter einem Wurzelvorhang, der sich sofort teilte. Heraus trat eine große kräftige Frau, deren struppig-dichtes schwarz-graues Haar zu allen Seiten stand. Sie stemmte die Hände in die Hüfte und drückte so ihr grün-braunes Moosgraskleid zusammen, das mehr wie ein Sammelsurium aus Flicken als wie ein echtes Kleid wirkte. Sie funkelte Liva aus hellblauen Augen heraus an. »Du warst wieder bei den Menschen, und das sicher nicht erst, seit der Mond wach ist. Du stinkst.«

»Ich – «, begann Liva, aber ihre Mutter hörte nicht zu.

»Wie oft habe ich dir gesagt, dass Menschen gefährlich sind? Du sollst sie nicht besuchen. Du sollst nicht einmal in die Nähe ihrer Höhlen gehen. Du bleibst auf dieser Seite des Gurgelwassers. Und wenn wir rübermüssen, dann nur, wenn der Mond wacht. Wie oft habe ich dir das gesagt?«

»So oft, wie Kiesel im Gurgelwasserbett sind?«, antwortete Liva trotzig und sah ihre Mutter herausfordernd an. »Ich war auch erst da, als der Mond wach war. Vorher habe ich mich mit Rothaar unterhalten.«

»Rothaar?«, fragte ihre Mutter mit ernstem Blick.

»Ja, Milva.« So nannte Liva ihre Mutter, die mit vollem Namen Lamilivasursamilva hieß. »Der wollte Futter suchen.«

»Meinst du, dass er mir das auch erzählen wird, wenn ich ihn treffe?«

Liva senkte den Kopf. Natürlich war sie Rothaar Fuchs nie begegnet und schon im Dorf gewesen, als die Sonne sich auf den Weg zum Schlafen machte.

»Wusste ich es doch. Und du hast wieder genommen, was dir nicht gehört!«

»Nein, nur geliehen. Und das ist doch auch sehr schön«, verteidigte sich Liva.

»Feen nehmen nichts, was anderen gehört. Wie oft muss ich das noch sagen?«

»Aber, das ist wirklich schön. Schau mal, weiß wie eine Schneeglocke.« Liva hielt das Hemd hoch, das sie sich wie eine Schürze umgebunden hatte. »Und das wärmt, wenn der Schnee da ist.« Sie zeigte auf die blaue Hose um ihren Hals.

Milva schüttelte das zottelige Haupt. »Es riecht fürchterlich. Meine ganze Höhle stinkt schon nach Mensch.«

»Aber das kannst du brauchen, wenn die Eicheln fallen«, schimpfte Liva zurück und zeigte auf eine bauchige Schale aus gebranntem Ton, die auf einem breiten Steintisch in der Mitte der Höhle stand. Sie hatte sie vor vielen Jahren aus dem Dorf gestohlen, für ihre Mutter. »Du hast immer gesagt, dass es wehtut, wenn dir Eicheln auf den Kopf fallen. Und jetzt kannst du dich schützen, weil ich das geliehen habe.«

Milva ließ die kräftigen Arme sinken und seufzte. »Kind, morgen, wenn die Sonne noch schläft, bringst du die Stoffe zurück. Hast du mich verstanden?«

»Nein!«, antwortete Liva mit grimmigem Blick und strich sich ihre Haarsträhnen aus dem Gesicht. »Die hören schon auf mit Stinken.«

»Livalamisursimani.« Milvas Stimme wurde ruhig. »Du bringst die Menschenstoffe zurück, oder ich sage dem Gurgelwasser, dass es dich nie mehr auf die andere Seite lassen soll.«

Liva stampfte mit dem Fuß auf. »Das ist – «

»Gemein, ich weiß«, unterbrach ihre Mutter. »Jetzt schlaf! Du musst schon bald wieder los.«

Liva biss die Zähne zusammen. Das war wirklich nicht nett. Sie hasste es, wenn sie nicht so lange schlafen konnte, wie sie wollte. Und sie konnte sich nicht erinnern, dass sie jemals vor der Sonne aufstehen musste.

»Worauf wartest du?«, fragte Milva.

»Ich habe Hunger.«

»Nimm dir Eicheln und Äpfel.«

»Äpfel«, stöhnte Liva und verzog das Gesicht bei dem Gedanken an die längst schrumpeligen Früchte.

»Und nun, schlaf ruhig.« Milva zeigte auf einen der Wurzelvorhänge, der sich wie auf Befehl öffnete.

Liva zog den Kopf zwischen die Schultern, nahm eine Handvoll Eicheln und brummte missmutig »Schlaf ruhig«, dann stapfte sie durch den Vorhang in ihren Höhlenteil. Nachdem sie Menschenhemd und Menschenhose in eine Nische in der Höhlenwand gelegt hatte, warf sie sich unzufrieden auf ihr Bett aus Zweigen und Moos und knabberte Eicheln. Aber bald übermannte sie die Müdigkeit. Der Tag war wirklich lang gewesen. Sie klimperte zweimal mit den Augen und schon wurde es dunkel. Kurz darauf schlummerte sie ein, begleitet von ihrem stetigen ruhigen Grunzen.

~ 3 ~

Anders

»Mach dich nützlich, lausiger Mischling, und bring das zur Herrin!«, blökte der feiste Forke und streckte Anders einen silbernen Pokal entgegen. Nimmersatt Forke war Küchenmeister auf Schloss Heckenrose und der unumstrittene Herr über Pfannen und Töpfe. »Beeil dich, wenn dir der Schlafplatz am Herd lieb ist. Verstanden?« Er warf seinem Küchenjungen einen bedrohlichen Blick zu.

Anders war gewarnt. Mit einem mulmigen Gefühl im Bauch betrachtete er den Pokal, der die gebrannten Mandeln der Baronin enthielt. Die Herrin verlangte ihre Lieblingssüßigkeit zu jeder Zeit und am liebsten zum Wein. Nur selten ließ sie erlesene Gäste daran teilhaben. Manchmal naschten die Küchenjungen heimlich. Eine Mutprobe, die Anders nie gewagt hatte. Die Furcht, erwischt zu werden, war zu groß. Und als Mischling konnte er den menschblütigen Küchenjungen nicht trauen. Warum sollte ausgerechnet er jetzt die Mandeln der Herrin bringen? Das war eigentlich die Aufgabe der Dienerschaft.

»Auf was wartest du?«, schnauzte Meister Forke grimmig.

»Sollte das nicht besser ein – «, stammelte Anders, wurde aber jäh unterbrochen.

»Keine Widerrede! Wird's bald? Oder willst du putzen, wie deine nichtsnutzige Mutter?« Forkes fette Wangen glühten so rot, als würde jeden Moment sein Kopf platzen.

Anders verstummte schlagartig und nahm lieber demütig den Pokal entgegen. Eigentlich hatten Küchenjungen wie er tagsüber oben nichts zu suchen. Sie durften nur hoch, wenn alle schliefen. Dann hieß es, die Feuerstellen in den Zimmern zu säubern und den Kamin anzufachen. Eine dreckige Aufgabe, die keiner gerne machte. Und wehe, man wurde gesehen. Baronin Härtha von Heckenrose verabscheute kalte Räume, und sie verabscheute es noch mehr, wenn ihr einer von *den Unteren* über den Weg lief. Dass Anders jetzt, am helllichten Nachmittag, Mandeln servieren sollte, konnte nur eines bedeuten: Die Dienerschaft hatte zwar Wein und Gläser in der Küche geholt, aber die Lieblingssüßigkeit der Herrin vergessen. Ein unverzeihlicher Fehler, den nicht nur der verantwortliche Diener, sondern auch Meister Forke und damit letztlich Anders zu spüren bekommen würde. Er konnte nur hoffen, so schnell wie möglich den Diener zu finden und die Mandeln zu übergeben. Also legte er schützend seine Hand auf den Pokaldeckel und eilte an dampfenden Kesseln, brodelnden Töpfen und glühenden Öfen vorbei durch die Schlossküche. »Pass doch auf!« Gerade noch konnte er unter einem Hilfskoch wegtauchen, der stöhnend einen großen Teigberg von einem Tisch zum anderen hievte.

Anders ließ die Küche mit ihrem Klappern, Klimpern, Zischen und Fauchen hinter sich und folgte einem Gang mit unzähligen Türen zu beiden Seiten, der nur notdürftig von zwei stumpfen Laternen erhellt wurde. Am Ende wartete eine Wendeltreppe, die ihn aus dem Gesindekeller hinauf in die herrschaftlichen Räume bringen würde. Stufe um Stufe, den Pokal fest in den Händen, sprang er sie empor.

Oben bedeckten dicke Teppiche den Steinboden. Es hingen sogar welche von den Wänden, mit Bildern darauf. Die Luft war frischer, kein Geruch von Holzfeuer oder köchelndem Essen, und es war viel heller. Die Laternen hatten polierte Glasscheiben und es gab schmale Fenster. Vom Küchenlärm war nichts mehr zu hören.

Anders kannte sich aus. Bemüht, nicht zu stolpern, trug er den Pokal mit schnellen Schritten einen kurzen Korridor entlang auf die große Halle zu. Hier empfing die Baronin bei großen Festen ihre Gäste. Alles war sehr prunkvoll eingerichtet, mit Statuen, Gemälden und edlen Möbeln. Anders mochte das nicht. Jedes Mal beschlich ihn das Gefühl, dass ihn die Menschen auf den Gemälden beobachteten. Er sah sich um, konnte aber nirgends den Diener entdecken. Hätte Meister Forke nicht sagen können, wohin der Pokal sollte? Anders betrachtete das silberne Gefäß. War das die Gelegenheit? Er hob den Deckel ein wenig an. Nein! Wenn er beim Stehlen einer Mandel erwischt wurde, half keine Entschuldigung, keine Reue. Und seine Strafe würde viel härter ausfallen als die der menschblütigen Küchenjungen. So viel war sicher. Schnell drückte er den Deckel wieder auf den Pokal. Wo war nur dieser verflixte Diener mit dem Wein?

Seufzend entschied sich Anders, die gebrannten Mandeln zum Arbeitszimmer zu bringen. Vielleicht konnte er sie dort abstellen, bevor die Baronin auftauchte. Bedacht darauf, nicht gesehen zu werden, durchquerte er schnell die Halle und gelangte über eine

 16

breite Treppe mit goldenen Handläufen ins Obergeschoss. Hier gab es zu beiden Seiten viele Türen und noch mehr Gemälde, die Ahnengalerie der Baronin. Natürlich nur Menschen. Selbstverständlich und zweifelsfrei von edlem Blut. Er eilte zum Arbeitszimmer, in dessen Tür dornige Rosen geschnitzt und golden bemalt worden waren. Anders atmete tief ein. Er nahm seinen ganzen Mut zusammen, hob die Hand, um anzuklopfen, hielt aber plötzlich inne: Die Tür stand einen Spalt offen.

»Der Küchenjunge«, drang eine sanfte dunkle Stimme aus dem Arbeitszimmer, wobei sie das *der* betonte.

»Welcher?«, fragte jemand schrill. Eindeutig Härtha von Heckenrose.

»Die Waise«, antwortete die sanfte dunkle Stimme. »Er hatte eine Feenmutter.«

Anders hielt den Atem an. Es gab nur einen Mischling in der Küche. Es ging um ihn!

»Bist du dir sicher, Schillack, Feenblut?«

»Ja, Euer Hochwohlgeboren, so vermute ich. Alles deutet darauf hin.«

Schillack, dachte Anders. *Ist das nicht der Sterndeuter und Wahrsager der Baronin?*

»Wenn das stimmt, muss er weg. Und zwar für immer.«

»Ihr wollt ihn verbannen? Ich denke nicht, Euer Hochwohlgeboren, dass sich die Sterne auf solche Art täuschen lassen.«

»Täuschen? Wer täuscht hier wen, Schillack?« Es entstand eine kurze Pause, bevor die Baronin scharf fortfuhr. »Wenn hier jemand getäuscht wird, bin ich das. Die Sterne täuschen mich, Schillack, und du scheinst mit ihnen im Bunde.«

»Aber – «

»Ruhe! Oder willst du mir widersprechen?«

»Nein. Selbstverständlich nicht. Niemals.«

Jetzt wurde die Stimme der Baronin gefährlich ruhig. »Ich denke nicht an Verbannung. Er muss verschwinden, und zwar so, dass er nie wieder auftaucht.«

»Ihr wollt ihn – «

»Richtig, Schillack. Ihn am Leben zu lassen, wäre ein sträflicher Fehler.« Die letzten Worte sagte sie langsam, aber bestimmt.

Anders wurde schlecht. Alles um ihn herum begann sich zu drehen. Er zitterte am ganzen Leib. Hatte er richtig gehört? Er sollte sterben? Warum? Er hatte sich doch nichts zuschulden kommen lassen, seine Arbeit immer pünktlich erledigt, ohne zu murren, immer freundlich. Und er beschwerte sich nie, nur in seinen heimlichsten Gedanken.

»Hauptmann von Schneid soll mir diesen Küchenjungen bringen, und zwar sofort!«, befahl die Baronin schrill.

Anders schluckte. Er musste verschwinden, so schnell wie möglich. Ihm blieb nicht viel Zeit. In diesem Moment öffnete sich zu seiner Linken eine Tür. Hinaus trat ein Diener in roter Livree und mit weiß gelockter Perücke. Überrascht blickte er Anders an. »He! Was machst du da?«

Anders erschrak. Laut scheppernd fiel der Pokal zu Boden. Für einen Wimpernschlag starrte er den Diener an, dann drehte er sich schnurstracks um, lief an den Gemälden vorbei, die Treppe hinunter und flog durch die große Halle und den Korridor Richtung Küche.

~ 4 ~

Graf Pelz will nicht
Menschchen machen

In Windeseile hastete Anders die Wendeltreppe hinab und rannte unversehens in Hofmarschall von Fehrmerk. »Na, na! Nicht so kopflos, Kerl. Zügle dich. Hörst du?« Von Fehrmerk zog sein schwarzes Samtgewand mit dem Rüschenkragen glatt und strich sich die Haare aus der Stirn. Er musterte Anders mit strengem Blick. »Was hattest du oben zu suchen? Erkläre dich, sofort!«

»Ich hab's eilig«, keuchte Anders. Er hatte keine Zeit für Erklärungen.

»Wie bitte?« Der Hofmarschall zog empört eine Augenbraue hoch. »Was erlaubst du dir?«

Aber Anders drückte sich ohne Rücksicht an ihm vorbei und sprang die Stufen weiter abwärts. »Halt, Bursche!«, war das Letzte, was er hörte, bevor ihn seine Füße durch den düsteren Gang zur Küche trugen. Kaum hatte er sie erreicht, schlugen ihm feuchtheißer Dunst und das Klappern der Töpfe und Kochlöffel entgegen.

»Da bist du ja endlich«, grunzte Meister Forke, während seine Nase über einem großen Topf hing. »Kartoffeln holen und schälen. Und zwar schnell! Der Lackaffe von Fehrmerk hatte mal wieder keine Zeit, früher zu mir zu kommen.« Sein Blick streifte Anders nur flüchtig. »Und jetzt wünscht die Herrin urplötzlich Herzoginkartoffeln zur Gans. Wo ist mein Spritzbeutel?«

Anders hörte nicht zu. Er blieb stehen und blickte schwer atmend zur Tür zurück. Warum war er hierhergelaufen? Er musste doch fliehen, so schnell wie möglich. Die Baronin überdachte ihre Entscheidungen nie. Und in der Küche würden sie ihn zuerst suchen.

Da packte ihn Meister Forke unsanft am Schopf. »Deine Mischlingsohren hören wohl schlecht. Kartoffeln schälen, wird's bald!«

Anders starrte den Küchenmeister mit großen Augen an. Da drückte ihm ein Hilfskoch ein Messer und eine große Schale in die Hand.

»Ja, schälen«, stammelte Anders. »Sofort.« Zügig ging er auf den Vorratskeller zu. Ob Schillack bereits mit dem Hauptmann sprach? Wie viel Zeit blieb ihm noch? In Anders' Kopf brauste und sauste es. Kartoffelnschälen! Immerhin eine Gelegenheit, sich unauffällig aus der Küche zu stehlen. Vielleicht konnte er im Vorratskeller einen klaren Gedanken fassen.

Der Vorratskeller, der sich direkt an die Küche anschloss, war ein großer kühler Lagerraum, ein Gewölbe, kaum kleiner als die Küche selbst. Und das war auch nötig. Denn zwischen den vielen Pfeilern und Bögen, die die spinnwebenverhangene Decke stützten, ragten lange Regalreihen hoch auf, gefüllt mit allem, was es brauchte, um den Gaumen der Baronin zufriedenzustellen. Da lagerten Kräutersäckchen, Kisten mit Zwiebeln und Lauch, Käselaibe, Äpfel, Nüsse, Brote, schwere Mehlsäcke, Wasserfässer und Weinflaschen. Und von der Decke hingen Schinken, Würste und

Fasane. Viel wichtiger aber war: Am Ende des Kellers führte eine Tür zu einer breiten Treppe, über die er hinauf in den Schlosshof gelangen konnte. Das war der letzte Fluchtweg, der ihm jetzt noch offenstand. Und etwas Besseres fiel ihm auf die Schnelle nicht ein. Er legte Messer und Schale beiseite und eilte zwischen den Regalen auf eine zweiflüglige Tür zu. Vorsichtig öffnete er sie, als – *mau!* – plötzlich eine Katze durch den Spalt und Anders' Beine in den Vorratskeller schoss. Anders stockte der Atem. Mit pochendem Herz sah er der Katze nach, dann steckte er seinen Kopf durch den Türspalt und spähte die Treppe hinauf.

»Zwei Mann antreten«, donnerte Hauptmann von Schneids Stimme über den Schlosshof.

Anders zuckte zusammen. Schon war das Klappern von Soldatenstiefeln zu hören. Er hielt den Atem an.

»Du folgst mir«, rief von Schneid. »Und du postierst dich unten am Ende der Treppe, die zum Vorratskeller hinabführt, direkt vor dem Tor. Halte jeden auf, der hinaus- oder hineinwill. Verstanden?«

»Jawohl, Herr Hauptmann«, antworteten zwei Stimmen gleichzeitig.

Anders krampfte der Magen. Er saß in der Falle. Was sollte er jetzt machen? Es würde nicht lange dauern bis von Schneid und der Soldat in der Küche waren. Und Meister Forke würde sie, nach seiner üblichen Standpauke, in den Vorratskeller schicken, wo Anders angeblich Kartoffeln schälte. Er musste sich verstecken, schnell! Eilig zog er den Kopf zurück, schloss leise die Tür und sah sich um. Da waren große Säcke und Fässer, in die er kriechen konnte. Aber viele von ihnen waren bis zum Rand gefüllt

oder nicht leer genug, um ihn zu verbergen. Eilig streifte er durch die Regale. Nirgends gab es einen Ort, der ihm geeignet erschien. Entweder war das Versteck zu offensichtlich oder es bot zu wenig Platz. Und dank der schmalen Fenster, die knapp unter der Gewölbedecke lagen, war es hell genug, um alles problemlos durchsuchen zu können. Es war nur eine Frage der Zeit, bis sie ihn hier unten finden würden.

Plötzlich streifte ihn etwas. Die Katze schmeichelte um seine Beine und schnurrte.

»Du weißt auch kein sicheres Versteck oder einen Ausweg von hier, oder?«, flüsterte Anders hilflos.

Die hell-getigerte Katze blickte ihn mit ihren mandelförmigen Augen einen Moment lang an. Dann maunzte sie und sprang behände eines der Wandregale hoch. Kaum zwei Atemzüge später sah sie zu Anders hinab und schlüpfte durch eines der Fenster, in dem eine Scheibe fehlte, nach draußen. Anders blieb der Mund offen stehen. Natürlich, die Fenster! Schnell kletterte er das Regal Brett um Brett hoch, bedacht darauf, die lagernden Lebensmittel nicht herunterzustoßen. Seine Verfolger sollten ja nicht gleich sehen, wie er nach draußen gekommen war. Erfreulicherweise war das obere Brett, außer ein paar Mausefallen, leer und bot ihm genug Platz, auch wenn er sich ducken musste, weil die Gewölbedecke ganz nah war. Ein leichter Luftzug wehte ihm entgegen. Anders zog den Riegel zurück, öffnete vorsichtig das Fenster und schob sich durch die schmale Öffnung. Zum Glück war er schmächtig. Mit einem sanften Plumps landete er im Schlosshof. Als er das Fenster wieder zuzog, vernahm er Forkes aufgebrachte Stimme. Von Schneid und der Soldat waren in der Küche und mussten des Küchenmeisters Standpauke über sich ergehen lassen. Das verschaffte Anders ein paar Sekunden. Hastig streckte er seinen Arm durch den Fensterrahmen mit der fehlenden Scheibe und verriegelte das Fenster wieder.

Die frühsommerliche Abendsonne tauchte den Hof in goldenes Licht. Bei den Stallungen warfen zwei Knechte mit Mistgabeln frisches Heu von einem Karren. Sie waren Mischlinge, wie er. Das wusste Anders. Und nicht weit davon hämmerte der Schmied vor seinem Feuer auf den Amboss ein. Mit jedem *Klong* formte er ein neues Hufeisen. Rechts lagen der Torbau, die Schlossbrücke und dahinter die Gassen der Stadt, die sich vor Schloss Heckenrose erstreckte. Dort würde er sich verstecken können, fürs Erste. Vielleicht fand er auch einen Mischling, der ihm helfen würde. Er musste nur noch an den Torwachen vorbei. Anders biss sich auf die Unterlippe. *Was, wenn die mich fragen, was ich vorhabe?* Er wiegte den Kopf hin und her. *Die werden sich schon nicht für einen Küchenjungen interessieren*, beruhigte er sich. *Und wenn, dann muss ich ein wichtiges Gewürz fürs Abendmahl besorgen.* »Hexenzweifel«, murmelte er. *Die fragen sicher nicht nach.*

Er atmete tief durch und machte einen Schritt auf den Hof, als ein Kläffen beim Torbau ihn zögern ließ. Dort trat Faulenz von Heckenrose, der Sohn der Baronin, aus dem Schatten, Schmetterlingsspaniel Graf Pelz an seiner Seite. Anders sank das Herz in die Knie. Der hatte gerade noch gefehlt! Ohne ein Wort würde ihn Faulenz nicht ziehen lassen. Und Anders blieb keine Zeit für eine Unterhaltung. Aber es gab keinen anderen Weg als durch das Tor. *Einfach unauffällig bleiben*, sprach er sich Mut zu und setzte sich zügig mit gesenktem Haupt in Bewegung. Aber es dauerte kaum drei Wimpernschläge, bis Graf Pelz ihn entdeckte. Der kleine Hund kläffte und trottete auf ihn zu, gefolgt von seinem Herrchen.

»Anders! Du hast sicher ein wenig Zeit, um mit mir und Graf Pelz zu spielen? Er will nicht Menschchen machen, obwohl ich ihm immer ganz genau erkläre, was er zu tun hat.« Faulenz klang sehr unzufrieden.

Anders mochte den Jungen, der etwas jünger als er selbst und ein wenig rund war. Wenn es seine Arbeit zuließ, spielte er mit ihm. Und er hatte immer das Gefühl, dass Faulenz gerne Zeit mit ihm verbrachte. Weil das auch bedeutete, dass er nicht bei seiner Mutter sein und lernen musste, wie man ein würdiger Baron wird.

»Schau!«, fuhr Faulenz fort und sah seinen Hund mit ernster Miene an. »Aufgepasst, Graf Pelz.« Er hob den Zeigefinger. »Mach Menschchen und lauf zu mir! Auf den Hinterpfoten. Bei drei! Eins, zwei, drei.«

Aber der kleine Hund blieb auf seinem Hinterteil sitzen, starrte sein Herrchen an und rührte sich kein Stück.

»So bekommst du keine Belohnung!«, schimpfte Faulenz.

Graf Pelz kläffte zurück.

»Siehst du, Anders? Du musst mir helfen.«

»Ich habe leider keine Zeit. Tut mir leid«, stammelte Anders. »Ich muss noch … etwas besorgen.«

»Besorgen?« Faulenz zog die Mundwinkel tief nach unten, so dass seine Unterlippe hervortrat. »Das geht nicht. Du bist mein Spielgefährte und bleibst, wenn ich es sage.«

»Leider. Meister Forke braucht Hexenzweifel, für das Abendmahl.«

»Das kann ich mir nicht vorstellen. Forke hat alles. Mutter klagt immer über seine Ausgaben. Du lügst!«

Anders atmete schnell. »Nein, wirklich, ich bin ja auch gleich zurück.« Ihm wurde abwechselnd heiß und kalt.

»Du bleibst und hilfst mir. Mein Wort steht über dem des Küchenmeisters.« Faulenz blickte Anders etwas unsicher an. »Oder nicht?«

Anders seufzte und sah zurück zur Treppe, die hinab zum Vorratskeller führte. Der Schmied hämmerte noch immer und die Mischlings-Knechte trugen das Heu nun in den Stall. »Ich muss in die Stadt, leider. Es eilt.«

»Nein, nein und nochmals nein! Ich denke, du verstehst mich ganz gut, oder?«

Um dem Wunsch seines Herrn Nachdruck zu verleihen, kläffte Graf Pelz zweimal und drehte sich im Kreis.

»Siehst du. Er macht was, wenn du da bist. Also hilf mir!« Faulenz versuchte einen strengen Blick, aber sein Mund zuckte dabei ganz seltsam und er schnaufte.

Anders stand der Schweiß auf der Stirn. Er begann fürchterlich zu zittern, zwang sich aber zur Ruhe.

Faulenz betrachtete ihn. »Was hast du?«

In diesem Augenblick schoss die hell-getigerte Katze über den Hof. Und dann ging alles ganz schnell. Graf Pelz kläffte und jagte auf die Katze zu. Faulenz blickte seinem Hund hinterher und befahl ihm zu bleiben. Vom Vorratskeller hörte Anders, wie das Tor geöffnet wurde und Hauptmann von Schneid fragte: »Ist jemand hier durchgekommen?« Und als der Soldat zackig »Nein, niemand, Herr Hauptmann« antwortete, ging ein Ruck durch Anders. Jetzt oder nie! Er machte einen Satz und rannte los, Richtung Torbau. Den verdutzten Faulenz ließ er einfach stehen.

Es dauerte kaum drei Atemzüge, bis diesem gewahr wurde, was hier vor sich ging. »Haltet den Küchenjungen!«, schrie Faulenz mit schriller Stimme begleitet von aufgeregtem Hundekläffen. »Haltet ihn!«

Anders ließ sich nicht beirren. Er lief weiter auf das Tor zu, so schnell er konnte.

Die beiden Wachen blickten überrascht in den Schlosshof. Eine schob ihren Helm zurecht, um besser sehen zu können.

Jetzt erklang auch von Schneids Stimme: »Haltet den Flüchtigen!«

Aber bevor die Torwachen verstanden hatten, was hier vor sich ging, sprang Anders schon an ihnen vorbei und auf die Schlossbrücke. Schwere Soldatenstiefelschritte und von Schneids Befehle folgten ihm. Aber da hatte er endlich das Ende der Brücke erreicht, stürzte sich in die engen Gassen und war im nächsten Moment zwischen den schmalen Häusern mit ihren schiefen Dächern verschwunden.

~ 5 ~

Johan mit der Gabel

Liva musste fürchterlich gähnen, als sie ihre Füße in das kalte Gurgelwasser streckte und durch die Furt watete. Mit dem Stoffbündel unterm Arm bückte sie sich, nahm eine Handvoll aus dem Fluss und wusch sich das Gesicht. Noch nie hatte sie etwas zurückbringen müssen. Warum dieses Mal? Das war wirklich gemein von Milva. Liva konnte über ihre Mutter nur den Kopf schütteln. Aber sie hatte keine Wahl. Wenn Milva dem Gurgelwasser sagte, dass sie nicht mehr zum anderen Ufer dürfe, konnte sie ihre Streifzüge vergessen. Keine Schmetterlingesommerwiesentänze, keine Besuche bei dem netten Kater oder den Ziegen, die so lustig meckerten, und natürlich nie mehr Menschenbeobachten.

Milva hatte gesagt, dass so früh noch alle schliefen. Es könne also nichts passieren, wenn Liva das Bündel einfach am Dorfrand ablegte und wieder über den Fluss sei, bevor der Hahn schrie. Sie passierte das Schilf und sah zum Wald zurück. Am Nachthimmel zeichnete sich ganz vorsichtig ein sanftes blau-rotes Band ab. Es dauerte also noch, bis die Sonne aufstehen und den Morgenhimmel orange färben würde. Liva setzte ihren Weg fort, direkt auf das Dorf zu.

Bald waren die ersten Häuser zu erkennen. Schemenhaft zeichneten sie sich gegen das Dunkel des Morgengrauens ab. Liva lief langsamer und duckte sich ins hohe Gras, als plötzlich die Gänse schnatterten. Sie hielt inne und lauschte. Eindeutig: Gänseschnattern. Und jetzt mischte sich Hühnergackern dazu. War Rothaar dort? Das konnte sie sich nicht vorstellen. Der überquerte eigentlich nie das Gurgelwasser. Plötzlich hämmerte es laut gegen eine Tür. Liva erschrak. Was war da los? Die Menschen sollten doch schlafen. Es wäre sicher besser, wenn sie in den Schutz des Waldes zurückkehrte. Aber Liva schlich weiter. Ihre Neugier war zu groß.

»Hallo? Macht auf. Bitte!«

Der Ruf eines Menschen drang an ihr Ohr. Die Stimme war nicht alt. Sie klang jung. Da war sich Liva sicher.

Wieder das Hämmern. »Ich bitte euch!«

Liva rieb sich die Nase und beschleunigte ihre Schritte. Nochmal das Hämmern, fest und dumpf. Nur diesmal kam es von rechts. Liva hatte den ersten Gartenzaun erreicht. Im Schutz der Schwertlilien schob sie ihre Nase über die oberste Zaunlatte und wagte einen Blick.

Da stand ein junger Mensch vor Johans Haustür und klopfte wie wild dagegen. Er war schmächtig und sein langes dunkles Haar hing ihm bis auf die Schultern. Liva warf die Stirn in Falten. Viele Winter hatte er sicher noch nicht erlebt. Hundertzwölf vielleicht? Sie fand, dass er kaum älter wirkte als sie selbst. Seine Kleidung war ganz zerrissen und er zitterte.

»Hallo? Bitte! Ich bin erschöpft und muss mich ausruhen«, rief er und klopfte erneut. Aber niemand öffnete. Nur ein paar Gänse schnatterten ihn wütend an, hielten aber Abstand.

»Verschwinde!«, erklang es plötzlich dumpf hinter der Tür. »Geh weg.«

Liva schürzte den Mund und kniff die Augen zusammen.

»Bitte! Nur ein paar Stunden Schlaf in deinem Schuppen«, rief der Junge. Er klang verzweifelt.

Jetzt öffnete sich die Tür und der alte Johan trat heraus. Er hatte ein langes weißes Hemd an und eine Stange in der Hand. Vorne auf der Stange saß eine Spitze Gabel mit drei Zinken. Liva kannte dieses Ding. Damit sammelten die Menschen totes Gras und hoben es auf Kästen, die ihre Pferde zogen. Aber Johan richtete es auf den Jungen und knurrte: »Wir wollen keinen Ärger.«

Liva hielt den Atem an. Der Junge wich zurück und hob beschwichtigend seine Hände. »Ich möchte auch keinen Ärger«, begann er. »Ich brauche nur einen Moment der Ruhe und eine Kleinigkeit zu essen, bitte.«

»Jetzt will er auch noch betteln«, fauchte eine Frau, die nun aus dem Fenster eines anderen Hauses blickte. Es war die Reiserin. Von ihr hatte Liva die Menschenstoffe geliehen. »Verschwinde«, zischte sie. »Wir wollen in Krautsaum keine Landstreicher.«

Ein Landstreicher, dachte Liva. *Was der wohl macht? Vielleicht streichelt er das Land. Das klingt sehr sanftmütig. Seltsam, dass die Krautsaumer so unfreundlich sind.*

Der fremde Junge blickte jetzt die Straße zurück, über die er gekommen sein musste, und dann wieder zu Johan. Kraftlos ließ er die Arme sinken, und Johan die Mistgabel. Der alte Mann nickte.

»Niemand soll sagen, in Krautsaum gäbe es keine Gastfreundschaft. Ruh' dich aus, in meinem Schuppen.«

»Dass du dir da keinen Ärger einhandelst«, rief die Frau und schloss das Fenster.

Johan sah flüchtig zu ihr hinüber und dann wieder zu dem Jungen. »Ich habe sicher 'n Kanten Brot für dich.«

Der Junge nickte dankbar, und Johan verschwand in seinem Haus. Da merkte Liva, dass auch andere Türen und Fenster wieder leise geschlossen wurden. Der Junge blieb alleine in der morgendlichen Dunkelheit und wartete. Wieder sah er den Weg zurück und erschrak regelrecht, als Johan hinaustrat und ihm etwas reichte. »Hier, iss«, sagte der Alte leise.

»Danke«, wisperte der Junge. »Noch vor Mittag bin ich weg, versprochen!«

Johan knurrte zustimmend. »Aber nicht nach dort.« Er zeigte in Livas Richtung. Schnell duckte sie sich hinter den Zaun und hörte, wie der Alte fortfuhr: »Da kommst du nur zu einem gefährlichen Wald. Darin haust ein fürchterlicher Geist. Krautsaumer gehen da nicht hinein, und das solltest du auch nicht.« Dann hörte Liva, wie die Tür geschlossen wurde. Vorsichtig spähte sie wieder aus ihrem Versteck. Johan war verschwunden und der Junge schickte sich an, in den Schuppen zu gehen.

Livas Bauch kribbelte jetzt ganz fürchterlich. Wer war dieser seltsame Fremde? Auf Zehenspitzen schlich sie zum Schuppen. Der Junge war längst darin verschwunden und hatte die Tür hinter sich zugezogen. Liva legte ihr Ohr an die Schuppentür. Innen raschelte es und wenige Wimpernschläge später konnte sie ruhiges Atmen hören. Der Fremde war schnell eingeschlafen. Er musste schrecklich müde sein. Liva zuckte mit den Schultern und schlich dann zu dem schräg gegenüber liegenden Haus, wo die Reiserin herausgefaucht hatte. Sie musste ja noch die Stoffe zurücklegen. Wehmütig betrachtete sie das Bündel, das sie eigentlich nicht wieder hergeben wollte. Die Menschen waren ja auch selbst schuld, wenn sie die Stoffe einfach ins Freie hängten. Das war förmlich eine Einladung, sie zu nehmen. Liva seufzte und blickte auf die Tür des Hauses, als eine leichte Brise plötzlich fernes Bellen und den Geruch von Hunden herantrug, aus der Richtung, in die auch der Junge geblickt hatte. Liva sah zu Johans Haus. Sie wusste, dass es auf der Rückseite eine Kletterhilfe gab, neben dem Taubenhaus, das auf einer hohen Stange saß. Die Kletterhilfe bestand aus zwei langen geraden Ästen, zwischen denen in regelmäßigen Abständen kürzere gerade Äste steckten. Das brauchten die Menschen, um auf die Dächer ihrer Häuser zu kommen. Und Liva konnte von dort oben sicher besser erkennen, was für ein Gebell die Brise herantrug. Kurz entschlossen klemmte sie sich das Bündel wieder unter den Arm und lief um Johans Haus. Das Bellen klang nun schon etwas lauter. Es näherte sich und hörte sich nicht sehr freundlich an, fand Liva. Sie wollte gerade die Kletterhilfe an der Rückwand hinaufsteigen, als es aus dem Taubenhaus gurrte. »Psst«, herrschte sie die Vögel an und schwang sich behände auf Johans Dach. Sie lief geduckt die Schräge empor bis zu dem viereckigen Steinrohr, das über das Haus hinausragte und aus dem an manchen Tagen Rauch aufstieg. Dort richtete sie sich auf und spähte in die Ferne. Da! In der Dunkelheit hinter dem Dorf flackerte ein Lichtschein, nur ganz leicht und immer wieder unterbrochen. Liva konnte Bewegung erkennen. Sie atmete tief ein. Jetzt trug der

Wind auch Menschengeruch näher. Liva kniff die Augen zusammen. Das Licht war noch weit entfernt, aber sie konnte zwei Menschen erkennen, die von drei Hunden begleitet wurden. Wieder bellte es, wieder lauter. Liva stellten sich die Haare auf. Sie witterte Gefahr. Ihr Atem ging schneller. Alles spannte sich in ihr an, bereit zur Flucht.

Da öffnete sich die Tür des Schuppens und der Junge trat heraus. Wieder gurrten die Tauben und wieder war das mehrstimmige Bellen zu hören. Der Junge zuckte zusammen und sah sich gehetzt um. *Kommen die wegen ihm?*, fragte sich Liva. Da rannte er plötzlich einfach in Richtung Milvas Wald. Liva blickte ihm mit offenem Mund nach. Das ging doch nicht. Da durfte er nicht hin.

Jetzt kam das Bellen so nah, dass augenblicklich die Gänse schnatternd einstimmten und die Hühner entrüstet dazwischengackerten. Gleich würden auch die Menschen aus ihren Häusern kommen. So viel war sicher. Es war höchste Zeit, zu verschwinden.

Liva duckte sich aufs Dach und rutschte Johans Kletterhilfe hinab. Unten angekommen schlug sie sich ins hohe Gras und eilte zurück zum Wald. Sie konnte den Jungen sehen. Er lief ein Stück vor ihr und blickte sich immer wieder um. Seine schwarzen Haare wehten im Wind. Bald hatte sie ihn eingeholt. Der Fremde keuchte, stolperte. Er mühte sich vorwärts, stürzte, rappelte sich wieder auf und lief zum Gurgelwasser. Liva wahrte gerade so viel Abstand, dass er sie nicht bemerkte. Mühelos hielt sie mit ihm Schritt. Bei jedem Bellen schien es, als spüre er Angst, genau wie sie.

Als er das Gurgelwasser erreichte, blieb er keuchend stehen und sah sich um. Plötzlich trug der Wind Stimmen vom Dorf herüber.

Der Lichtschein samt Hunden und Menschen war in Krautsaum. Der Junge erschrak. Er musste sie auch gehört haben. Schon lief er weiter. Sollte Liva ihm helfen? Lieber nicht, das würde Milva sicher nicht gutheißen.

Der Junge stürzte auf das Schilf zu. Liva folgte ihm. Ohne Rücksicht drang er in das Dickicht ein und blieb mittendrin stehen. Er kauerte sich auf den Boden. *Warum gehst du nicht weiter?*, dachte Liva. Da fiel ihr auf, dass sie immer noch das Stoffbündel unterm Arm trug. *Dumme Waldtrollige*, schimpfte sie sich.

Plötzlich erklang ein Heulen. Vor Schreck machte Liva einen Satz und sah zurück. Der Lichtschein hatte das Dorf bereits hinter sich gelassen. Menschen und Hunde kamen näher. Nicht mehr lang und sie waren am Gurgelwasser. Liva musste sich im Wald in Sicherheit bringen.

Vorsichtig tauchte sie ins Schilf und schlich, so gut es der schmatzende Schlick erlaubte, unweit des Jungen vorbei. Der Fremde atmete schnell und flach, wie jedes Wesen, das Angst hatte. Als Liva ganz nah war, hielt er unversehens inne und blickte sich um. »Ist da wer?«, flüsterte er mit zitternder Stimme. Trotz des ersten Morgengrauens konnte er Liva nicht entdecken. Aber sie sah ihn, wie er blass und kraftlos im Schilf kauerte. Sein Versteck würden die Hunde ohne Weiteres finden. Der Geruch des Jungen hing so stark in der Luft, dass nur Menschen ihn verfehlen konnten. Liva zögerte. Nein! Sie durfte sich nicht zeigen. Ohne zu antworten, schlich sie weiter auf die Furt zu und watete leise durch das plätschernde Wasser.

Als sie die andere Seite erreicht hatte, hielt sie kurz inne und seufzte. Der Fremde war in Gefahr. Das war so sicher, wie ein

Felsen fest war. Und er hatte Angst. Irgendwie mochte sie es nicht, wenn ein Wesen Angst hatte. Aber der Junge stellte sich auch nicht besonders schlau an, wie er da im Schilf kauerte, eindeutig zu wittern. *Er muss sich doch ein sicheres Versteck suchen,* dachte Liva. Sie spürte ihre eigene Unruhe. *Warum kommt er nicht herüber? Findet er die flache Stelle nicht? Darf ich ihm helfen?* Liva war unsicher. Milva würde ihn sich selbst überlassen. Ein Mensch hatte hier nichts zu suchen. Aber Liva konnte das nicht. Es fühlte sich irgendwie falsch an. Sie musste ihm helfen. Kurz entschlossen versteckte sie sich im Uferdickicht, nahm zwei große Flusskiesel, schlug sie gegeneinander, zwei-, dreimal, und ließ sie mit einem ordentlichen *Platsch* ins Wasser plumpsen. Vielleicht brachte das den Jungen dazu, durch das Schilf auf die Furt zu blicken. Und genau so kam es. Schon streckte er den Kopf aus dem Schilfgürtel, blickte ziemlich unbeholfen drein, fand aber die flache Stelle im Gurgelwasser und kroch vorsichtig auf allen vieren in die Furt. Liva lächelte. Sie würde es Milva schon erklären. Sie klimperte mit den Augen und stieg dann schnell die sanfte Böschung empor. Am Fuß einer kräftigen Birke legte sie das Stoffbündel ab, kletterte geschickt den Stamm hinauf und nahm in einer Astgabelung Platz. Von hier konnte sie alles überblicken und die Blätter verbargen sie.

Der Junge hatte mittlerweile das Gurgelwasser durchquert. Liva sah, wie er sich unbeholfen den Ufersaum hinaufzog, durch das Unterholz zwängte und tiefer in den Wald vordrang. Jetzt tauchte auch das Licht am anderen Ufer auf. Liva teilte die Birkenblätter, um besser sehen zu können. Einer der Menschen hatte Feuer in einen Behälter gesperrt und diesen in der Hand. Der andere hielt die drei Hunde an Stricken, die unablässig am Boden schnüffelten.

Als sie das Schilf erreicht hatten, heulten sie und einer der Menschen bückte sich. Dann zeigte er auf das Schilf, genau auf die Stelle, wo der Junge gekauert hatte.

Liva schluckte. Die Menschen setzten sich in Bewegung. Das Schilfrohr brach und die Tüpfelsumpfhühner flatterten erschreckt auf. Schon standen sie in der Furt und zeigten auf den großen Wald. Sie schritten durch das Gurgelwasser und tauchten wie der Junge zuvor in den großen Wald ein. Mit Schrecken verfolgte Liva, wie sie mit dem erhobenen Lichtbehälter durch das Unterholz pflügten und den Ufersaum absuchten. Es dauerte nur wenige Augenblicke, bis die Hunde die Witterung des Jungen aufgenommen hatten. Schon drang der Lichtschein tiefer in Milvas Wald vor.

Liva krampfte der Bauch. Was hatte sie da nur angerichtet? Erst der Junge und jetzt die Menschen und Hunde. Ihre Mutter wird ihr die Ohren lang ziehen. Aber vielleicht konnte sie das Schlimmste noch verhindern. Sie wartete einen Moment, dann kletterte sie rasch die Birke herunter, packte das Bündel und folgte dem Lichtschein, immer bedacht, dass der Wind sie nicht verriet.

Plötzlich blieben die Menschen stehen. Die Hunde zogen unruhig in eine Richtung, bellten aber nicht mehr. Sie knurrten. Der Junge konnte nicht mehr weit sein. Liva roch ihn auch. Jetzt lösten die Menschen die Stricke von den Hunden, die unruhig schnüffelten und knurrend warteten. Die Menschen nahmen etwas von ihren Rücken, kurze Stöcke mit einem dünnen Faden daran. Als sie die Stöcke ein wenig stauchten, um den Faden einzuhängen, stockte Liva der Atem. Bögen! Das waren Bögen. Milva hatte ihr von Bögen erzählt. Ihre Mutter hatte vor nichts und niemandem Angst, außer vor Bögen. Wie oft hatte sie Liva eingeschärft, Menschen mit

Bögen zu meiden? Sicher so oft, wie es Stacheln an einem Stachel-
beerstrauch gab. Wenn die Menschen Bögen hatten, dann waren
sie Jäger und sie jagten einen Jungen. Liva merkte, wie ihre Hände
zitterten. Hier passierte etwas, das nicht richtig war. Das durfte sie
nicht zulassen, nicht in Milvas Wald, koste es, was es wolle.

Plötzlich zeigte einer der Jäger in den Wald und schon schossen
die Hunde los, die Jäger dicht hinter ihnen. Und auch durch Liva
ging ein Ruck.

~ 6 ~

Wildschwein und Bär

Anders atmete schwer. Seit Tagen war er nun auf der Flucht. Er hatte kaum einen Bissen zwischen die Zähne bekommen, und ihn plagte schrecklicher Durst. Hätte er doch nur an der Furt getrunken. Zurück konnte er nicht mehr. Zu gefährlich. Die Jäger waren ihm sicher bis zum Schilf gefolgt. Er konnte nur hoffen, dass sie dort seine Spur verloren hatten. Zumindest war kein Bellen mehr zu hören. Und doch wusste er, dass sie die Jagd nicht ohne Weiteres abbrechen würden. Die Baronin wollte ihn tot wissen. Die Jäger würden also alles versuchen, um den Auftrag zu erfüllen. Er musste tiefer in den Wald, auch wenn es um ihn herum so finster war, dass er gerade mal die Hand vor Augen sehen konnte.

Vorsichtig setzte er einen Fuß vor den anderen. Mit ausgestreckten Armen tastete er nach Hindernissen. Überall raschelte und knackte es. Wo war er nur? Und was mochte hier hausen? Anders musste an den Geist denken, von dem der Alte gesprochen hatte. Aber wo sollte er sich sonst vor den Jägern verstecken als in diesem dichten Wald?

Auch wenn sich das Unterholz endlich lichtete, war es noch immer ziemlich finster. Mit Mühe konnte Anders rund herum ein paar breite Baumstämme erkennen. Dahinter verlor sich alles in tiefem Schwarz. Hoffentlich graute bald der Morgen. Dann würde Tageslicht durch das dichte Blätterdach dringen und ihn wärmen. Müde hob er die Hände zum Mund, blies dagegen und rieb sie aneinander. Seine Füße schmerzten und sehnten sich nach einem Moment der Ruhe. Anders wollte einfach schlafen, ohne Angst, wieder aufgescheucht und gejagt zu werden. Erschöpft bog er den Rücken durch und streckte sich, als plötzlich ein Heulen durch den Wald dröhnte. Die Angst fuhr Anders in Mark und Bein. Sie waren ihm in den Wald gefolgt. Er musste weiter, ein Versteck finden, schnell! Über Wurzeln und Steine stolpernd, trieb er sich an. Schneller! Die Furcht ließ seine Beine fliegen. Er riss einen Arm hoch, wehrte die Äste ab, die ihm ins Gesicht peitschten. Abermals heulte es. Anders sah zurück. War da ein Lichtschein? Er wandte sich wieder nach vorne und erschrak. Vor ihm tauchte ein schwarzer Schatten auf. Er versuchte auszuweichen, krachte aber gegen einen Baumstamm. Ein stechender Schmerz durchfuhr seine Schulter. Er strauchelte, konnte sich fangen und lief weiter. Bellen, direkt hinter ihm. Schneller! Anders hustete. Seine Lunge brannte. Links schoss ein Schatten durchs Dunkel. Rechts ein zweiter. Die Hunde hatten ihn eingeholt! Plötzlich brach Anders durch zwei dicht stehende Büsche. Über ihm war kein Blätterdach mehr. Die Finsternis des Waldes verlor sich in nebligem Grau. Sein Fuß trat ins Leere und fand unerwartet wieder Tritt. Anders stolperte. Seine Beine wirbelten durcheinander. Er wankte, stürzte und überschlug sich, wieder und wieder. Alles um ihn herum drehte sich, bis er auf einmal zwischen feuchtem Farn zum Liegen kam. Schwer atmend blickte er in den freien grau-schwarzen Himmel. Keine Baumkronen, nur mit Tau benetzte Farnblätter, die wie feine Federn über ihm hingen.

Das Bellen erklang jetzt aus mehreren Kehlen und war sehr nah. Anders setzte sich auf, mitten in einer mit Farn bedeckten Senke. Die Hunde hatten die Beute gestellt und riefen ihre Herren. Einer stand knurrend hinter ihm, die Muskeln gespannt. Mit gestrecktem Schwanz und gehobener Vorderpfote beobachtete er lauernd die Beute. Die anderen schlichen in die Senke hinab und kreisten Anders ein, ohne ihn auch nur einen Moment aus den Augen zu lassen. Er saß in der Falle. Sein Herz raste.

Plötzlich tauchten die beiden Jäger am oberen Rand der Senke auf. Auch sie keuchten. Die Hunde winselten, als würden sie darum betteln, losschlagen zu dürfen. »Haben wir dich endlich«, sagte einer der Jäger und zog sein braunes Wams zurecht. »Hast es uns nicht leicht gemacht, Junge.«

»Bitte!« Anders hob flehend die Hände. »Lasst mich doch gehen!« Er spürte, wie ihm Tränen über die Wangen liefen. »Ich verschwinde und komme nicht wieder. Ich verspreche es! Die Herrin wird mich nie wieder zu Gesicht bekommen.«

Der andere Jäger strich sich über den Bart und schüttelte den Kopf. »Es tut uns leid, aber das geht nicht.«

Die beiden stiegen jetzt in die Senke hinab und nahmen ihre gespannten Bögen von den Schultern.

»Habt doch Mitleid!« Anders' Stimme brach.

»Mach es nicht schwerer, als es ist, Junge.« Die Jäger zogen nun je einen Pfeil aus ihren Köchern und legten ihn auf die Sehne.

»Bitte! Ihr seid doch keine Mörder«, wimmerte Anders, zog den Kopf ein und schützte sich mit den Armen.

»Befehl ist Befehl«, entgegnete der Bärtige kalt. »Und der Herrin widersetzt man sich nicht.«

Plötzlich erklang ein Quieken vom Rand der Senke.

»Was ist das?«, hörte Anders einen der Jäger und sah auf. Schon donnerte der Boden und aus dem Schwarz des Waldsaums galoppierte ein Wildschwein in die Senke, hielt auf einen der Hunde zu und rammte ihn mit seinen Hauern. Der Hund flog jaulend zur Seite. Aber das Wildschwein stoppte nicht, sondern raste direkt auf Anders zu. Die Hunde bellten wie wild, als das Schwein abrupt vor Anders zum Stehen kam und sich mit seinem massigen Körper zwischen ihn und die Jäger stellte. Dabei quiekte und grunzte es wütend und richtete seine grimmigen gelben Schweinsäuglein auf die Jäger. Anders schnappte nach Luft. Was passierte hier?

Die Jäger wichen einen Schritt zurück und suchten mit ihren Blicken eilig den Rand der Senke ab. Aber da waren keine anderen Wildschweine. »Verzieh dich, Schwarzkittel!«, rief der mit dem braunen Wams. »Sonst landest du auf dem Teller der Baronin von Heckenrose.«

Aber das Wildschwein grunzte und quiekte unaufhörlich. Der bärtige Jäger schüttelte den Kopf und hob den Bogen. Die Wildschweinlaute überschlugen sich jetzt in den höchsten Tönen. Die Hunde knurrten, den Blick auf Schwein und Beute gerichtet. Der Jäger zog die Sehne zu sich heran und zielte. Anders hielt den Atem an. Gleich würde sich ein Pfeil in den Körper dieses seltsamen Schweins bohren. Da knackten hinter ihm die Äste, Holz brach und es dröhnte ein tiefes markerschütterndes Brüllen aus dem

Wald. Im nächsten Augenblick brach ein riesiger schwarz-grauer Bär in vollem Lauf durch die Bäume, sprang mit einem Satz in die Farnsenke und landete direkt hinter Anders, dass der Boden zitterte. Der Jäger mit dem braunen Wams fiel nach hinten auf den Hosenboden. Seine Bogensehne schnalzte und schickte den Pfeil hoch in den Himmel.

»Beim schöpfenden Paar«, entfuhr es dem Bärtigen, der mit zitternden Knien den Bären anstarrte. »Das geht doch nicht mit rechten Dingen zu.« Mutlos ließ er seinen Pfeil fallen.

Die Hunde konnten sich nicht mehr bändigen. Sie stürzten auf den Bären zu und sprangen ihn wütend an. Der richtete sich auf und schleuderte sie mit seinen mächtigen Pranken wie nasse Tücher zur Seite. Da stellte sich auch das Wildschwein auf die Hinterläufe, grunzte tief grollend, fiel zurück auf die Vorderläufe und preschte auf die Jäger zu.

»Weg hier!«, schrie der Bärtige und pfiff die Hunde zurück, während sich der andere aufrappelte und, so schnell er konnte, den Rand der Senke hochkroch. Die Hunde folgten jaulend ihren Herren. Kaum einen Atemzug später waren sie im Wald verschwunden.

Das Wildschwein stoppte und blickte den Jägern erhobenen Hauptes nach. Der Bär ließ ein tiefes Brummen hören und richtete seine eisblauen Augen auf Anders, der fassungslos im Farn kauerte und kaum zu atmen wagte.

~ 7 ~

Waldtrollige

Anders' Herz raste. Er zitterte am ganzen Leib. Am oberen Rand der Farnsenke stand das Wildschwein und grunzte in den Wald, als würde es den Jägern hinterherschimpfen. Und im Nacken spürte er die bedrohliche Gegenwart des schwarz-grauen Bären. Nachdem er sich mit ein paar tiefen Atemzügen beruhigt hatte, drehte er sich langsam um. Der Bär stand auf den Hinterläufen, was etwas Menschliches an sich hatte, und blickte grimmig über ihn hinweg zum Rand der Farnsenke.

»Du hättest wirklich schneller kommen können«, erklang plötzlich eine heisere Stimme vom Waldrand. Überrascht sah Anders zurück und erschrak. Von dort, wo das Wildschwein gestanden hatte, stapfte nun barfüßig ein Mädchen auf ihn zu, mit geröteten Wangen und kampfeslustigem Blick. Sie war etwas kleiner als er, und ihr langes Haar, in dem Blätter und Zweige steckten, wirkte wie unzählige dunkel- und hellbraune Bäche, die von ihrem Kopf hinab auf die Schultern flossen.

»Wie oft sage ich dir, dass du dich Menschen nicht zeigen sollst?«, brummte es grimmig hinter Anders. Erschrocken fuhr er herum

 42

und musste nach Luft japsen. Statt des Bären stand dort in der Morgensonne eine stämmige Frau mit zottelig schwarz-grauem Haar, die Fäuste in die Seiten gestemmt. Am ganzen Leib trug sie lange Gräser und dürre Äste, die ineinandergeflochten und mit Moos besetzt waren.

»Der ist doch nicht gefährlich«, sagte das Mädchen.

»Das wissen wir nicht«, entgegnete die Frau. Sie sah Anders mit ihren durchdringenden eisblauen Augen an.

Anders wurde mulmig. Das Mädchen stand nun vor ihm. Wie die Frau trug sie Kleidung aus Moosen, Gräsern und Ästen, in die aber zu seiner Überraschung auch ein alter Schal und ein Handschuh eingearbeitet waren. Wer waren die beiden?

»Du bist jetzt in Sicherheit«, sagte sie. Ihre gelben Augen wirkten irgendwie freundlich. »Wie heißt du? Ich bin Liva.«

Anders wollte antworten, aber die Frau fuhr schwer schnaufend dazwischen. »Verrate dem Menschen nicht deinen Namen! Das ist nicht gut!«

»Aber, er hat uns doch jetzt gesehen. Dann soll er doch auch wissen, wer wir sind«, entgegnete Liva.

»Nein. Er wird unsere Heimat sofort wieder verlassen. Verstanden?«

Anders schluckte.

»Wenn wir ihn fortschicken, töten ihn die Jäger.«

»So ist das bei den Menschen.« Die tiefe Stimme der Frau strahlte eine ruhige Kälte aus. »Mich wundert ohnehin, dass du dich eingemischt hast. Wir halten uns von Menschen fern, besonders wenn sie Bögen haben. Was habe ich dir über Bögen gesagt?«

»Dass Menschen damit Tiere töten«, antwortete Liva und stemmte nun die Fäuste in ihre Seiten. »Aber die Jäger wollten den Menschen hier töten. Das ist doch seltsam und ganz sicher nicht richtig.« Sie warf der Frau einen trotzigen Blick zu.

»Es ist mir gleich, was für Menschen richtig und falsch ist«, brummte die Frau. »Wir mischen uns nicht ein. Das ist für uns richtig.« Ihr Blick fiel wieder auf Anders. »Du hast hier nichts verloren. Steh auf und verschwinde!«

Anders sah zwischen Liva und der Frau hin und her.

»Mach schon«, brummte die Frau unruhig. »Du gehörst nicht hierher.«

Anders wollte sich hochdrücken, aber seine Beine versagten. Nach allem, was er durchgemacht hatte, war er zu schwach, um aufzustehen.

»Er hat keine Kraft mehr«, stellte Liva mitfühlend fest. »Wir müssen ihm helfen.«

Aber die Frau schüttelte bedrohlich langsam den Kopf.

»Ein Küken, das fällt, setzt du auch wieder auf einen Ast«, rief Liva aufgebracht.

»Nur, wenn es nicht zu schwach ist für den Wald.«

Liva starrte die Frau einen Augenblick an. »Das meinst du nicht so, Milva. Wir müssen ihm helfen.«

»Was habe ich dir über Namen gesagt?«

»Der Mensch braucht unsere Hilfe! Er ist müde und kraftlos. Ich will nicht, dass er Jägerbeute ist.« Liva stampfte mit dem Fuß auf.

Milva packte mit ihrer Pranke Anders' Arm und zog ihn hoch. »Bring ihn zurück und schicke ihn fort, wenn du ihm helfen willst.« Ihr Brummen war unmissverständlich.

Anders wurde ganz schwindelig. Seine Beine zitterten. Er wankte und konnte nur mit Mühe stehen. Seine Hände suchten Halt und fanden Liva, die ihn stützte.

»Er schafft das nicht«, sagte sie. »Das siehst du doch. Selbst wenn ich ihn zum Gurgelwasser bringe, schafft er es nicht zu den Menschen. Geben wir ihm Ruhe und Eicheln, und wenn er wieder stehen kann, bringe ich ihn zum Gurgelwasser und er geht.« Sie sah Milva flehend an.

Aber Milvas Blick blieb hart und unerbittlich. »Schicke den Menschen fort, sonst tue ich es.« Sie wandte sich von den beiden ab und stapfte durch den Farn zurück in den Wald.

Liva ließ seufzend den Kopf hängen. Dann setzte auch sie sich in Bewegung, in die entgegengesetzte Richtung. Anders stolperte ihr nach, wieder dahin zurück, wo er hergekommen war. »Die werden mich töten«, stammelte er leise.

»Ich weiß.« Niedergeschlagen tauchte Liva unter das finstere Blätterdach und hob ein Stoffbündel vom Boden auf.

Dass sie seinen Tod plötzlich in Kauf zu nehmen schien, überraschte Anders. Mit einem Schlag kehrte ein letztes bisschen Kraft in seine Glieder zurück. Er blieb am oberen Rand der Farnsenke stehen und wiederholte sein drohendes Schicksal mit Nachdruck. »Wirklich. Die töten mich, weil es die Baronin will.«

Liva blieb ebenfalls stehen und nickte. »Du hast Milva doch gehört.«

»Ich kann mich hier verstecken, im Wald. Ihr werdet mich nicht sehen, versprochen. Und wenn ich ausgeruht bin, verschwinde ich. Ehrenwort!«

»Das geht nicht«, antwortete Liva. »Das würde Milva nicht zulassen. Ihr Wald ist nicht für Menschen, sondern nur für Tiere und natürlich für uns und andere, die wie wir sind.«

»Und wer seid ihr?«

»Waldtrollige«, entgegnete Liva knapp.

»Was ist das?«

»Ich glaube nicht, dass ich dir das sagen darf.« Liva setzte sich wieder in Bewegung. »Komm jetzt. Wir müssen zum Gurgelwasser.«

Auch wenn erste morgendliche Sonnenstrahlen durch das dichte Blätterdach drangen, war es noch immer ziemlich finster. Immerhin konnte Anders schon etwas mehr erkennen. Es gab keinen Weg, keinen Pfad, nichts das so aussah, als würde es irgendwo hinführen, und überall wucherten Büsche, Brombeeren, Farne und Pilze. Allmählich fand er wieder Kraft, musste aber trotzdem auf jeden Schritt achten, um nicht über Wurzeln und Steine zu stürzen. Liva stützte ihn, wann immer er Hilfe brauchte. Ihr selbst schienen der Weg und die Finsternis nichts auszumachen. Sie spazierte durchs Unterholz, als wäre es eine lichte Blumenwiese. Und sie schien es nicht eilig zu haben. Kein einziges Mal drängte oder trieb sie ihn an.

Plötzlich knurrte Anders der Magen so laut, dass er vor sich selbst erschrak. Wieder wurde ihm ganz schwindelig und er musste sich gegen einen Baum stützen. »Nur einen Moment.«

Liva nickte und ging ein paar Schritte ins Unterholz. Sie bückte sich und kehrte kurz darauf mit zwei großen braunen Pilzen zurück, von denen sie ihm einen unter die Nase hielt. »Macht den Bauchgrummler weg und gibt dir Kraft.« Liva lächelte.

Anders sah sie fragend an. Livas Lächeln schwand. Ihre gelben Augen verengten sich zu Schlitzen und sie führte den Pilz zum Mund. Dann tat sie so, als würde sie abbeißen, und drückte ihm den Pilz in die Hand. Anders probierte zögerlich. Mühsam begann er mit dem letzten Rest Spucke, der ihm noch geblieben war, zu kauen. Das Fleisch quietschte an seinen Zähnen, und dann breitete sich ein frischer erdiger Geschmack in seinem Mund aus. Anders musste lächeln. Er hatte das Gefühl, nie etwas Besseres gegessen zu haben, als diesen ungekochten Pilz. Sein nächster Biss war nicht mehr zögerlich. Liva lächelte auch wieder und hielt ihm den zweiten hin. Anders atmete tief durch. Die Pilze füllten seinen Magen und vertrieben den Schwindel.

»Das Gurgelwasser ist nah«, sagte Liva plötzlich und schnupperte in die Luft. »Du kannst es schon riechen.«

Anders sah sie traurig an. Für einen Augenblick hatten die Pilze und Livas Lächeln die Bedrohung, vor der er seit Tagen zu fliehen versuchte, aus seinen Gedanken verdrängt. Mit ihren Worten kehrte sie schlagartig zurück. »Was, wenn sie noch dort sind und nur auf mich warten?«, stammelte er. »Kann ich nicht doch bleiben?«

Liva schüttelte den Kopf. »Versteck dich, bis die Sonne schlafen geht und der Mond hellwach ist. Im Dunkeln kannst du besser verschwinden. Und«, sie rümpfte die Nase, »wasch dich mit Blättern und Erde. Dann wittern dich die Hunde nicht so leicht.«

Anders nickte mutlos. Wieder war er auf sich allein gestellt.

~ 8 ~

Der Geruch von brennendem Holz

Livas Herz schlug wie wild. Das war alles so aufregend: der Menschenjunge, die Jäger und die Hunde. Seit sie denken konnte, war es das erste Mal, dass Menschen in Milvas Wald gekommen waren, das erste Mal, dass sie sich ihnen als Wildschwein in den Weg gestellt hatte. Und jetzt trottete Anders ihr schweigend hinterher. Er sah wirklich erschöpft aus. Kein Wunder. So dürr, wie er war, aß er sicher nicht genug Eicheln. Und seine Kleidung war ganz zerrissen. Liva fragte sich, ob er nicht fror. Aber was sie wirklich faszinierte, war sein langes dunkles Haar. So dunkle Haare hatte sie noch nie gesehen. Und, er war der erste Mensch, mit dem sie redete. Aber, so aufregend das alles war, so traurig machte es sie, dass er nicht bleiben durfte. Liva fand, dass ihre Mutter übertrieb. Anders hatte Hilfe nötig. Er musste sich ausruhen und zu Kräften kommen. Und wo wäre er sicherer als bei Milva? Auch, wenn es nur für einen Moment gewesen wäre. Außerdem wollte sie ihn so vieles fragen. Zum Beispiel, warum die Menschen dieses lange Ding mit den vielen Stacheln brauchten, das sie immer an einen Vielfuß erinnerte. Seit sie das erste Mal den seltsamen Holzvielfuß gesehen hatte, wollte sie wissen, was die Menschen damit machten. Und, warum hielten sie ihr Essen über Feuer?

Den frischen Geruch des Gurgelwassers hatte Liva längst wahrgenommen. Jetzt waren auch sein leises Plätschern und Gurgeln zu hören. Schon wurde das Unterholz lichter und ein leichter Wind fuhr durch die Blätter, durch die nun, wie gesiebt, die Mittagssonne drang.

»Ich kann den Fluss hören«, murmelte Anders in ihrem Rücken. »Trennen sich hier unsere Wege?«

Liva wandte sich um und nickte. »Noch ein paar Schritte«, flüsterte sie, presste ihren Zeigefinger auf die Lippen und schlich auf leisen Sohlen weiter vorwärts. Das Knacken der Äste unter Anders' Schuhen war unüberhörbar.

Kurz darauf hatten sie den Waldsaum erreicht. Liva ging in die Hocke, legte das Stoffbündel ab, klimperte zweimal mit ihren Lidern und teilte die letzten Büsche am diesseitigen Ufer mit ihrer Hand. Unmittelbar vor ihr gurgelte der Fluss glitzernd in der Sonne, und ein leichter Wind wog die hohen Sommergräser auf den Hügeln hinter dem Schilf, wo unzählige Bienen summten und ihre Arbeit verrichteten. Aber da war noch etwas, das nicht hierhergehörte. »Witterst du das?«, fragte Liva leise und nahm einen tiefen Atemzug.

Anders blickte sie fragend an.

»Die Luft«, raunte sie.

Anders atmete ebenfalls tief ein. »Wie wenn im Morgengrauen die Öfen der Schlossküche angefeuert werden«, sagte er.

»Geruch von brennendem Holz«, flüsterte Liva und spähte aus dem Wald. »Der zieht sonst nie vom Dorf bis hierher, muss also

ganz nah sein, und das ist gefährlich. Feuer ist gefährlich.« Ein Stück weit entfernt vom Schilfdickicht, am Fuß eines sanften Hügels, entdeckte sie eine aufgespannte Zeltplane, unter der sich der bärtige Jäger vor der Mittagssonne schützte. Er war dabei, ein Feuer anzufachen, während die Hunde rund um das Zelt im Gras dösten. In diesem Moment kam der zweite Jäger, der mit dem braunen Wams, über die Hügelkuppe. Er hatte ein totes Huhn in der Hand und rief etwas. Der Wind trug es Liva zu. »Schau, was ich im Dorf erstanden habe. Das gibt ein Festmahl. Ich hab's bezahlt, du rupfst.«

Liva drehte es den Magen um. Hatten die beiden wirklich ein Huhn getötet, um es zu fressen? Angewidert schüttelte sie den Kopf.

»Sie sind noch da«, flüsterte Anders neben ihr. »Sie können nicht zurück, ohne mich.« Er sank nach hinten, lehnte sich gegen einen Baum und vergrub den Kopf in seinen Händen. »Ich kann nur warten oder den Wald woanders verlassen.«

»Warum sitzen sie da und suchen dich nicht? Wenn sie nur warten, fangen sie dich doch nie«, raunte Liva.

»Ich bin froh, dass sie mir eine Pause gönnen«, antwortete er niedergeschlagen.

»Psst! Der Wind trägt wieder ihre Stimmen hierher«, raunte Liva, konnte aber nichts mehr verstehen. »Zu leise. Sie rufen nicht mehr.« Langsam ließ sie die Äste des Busches los, dass er nicht raschelte, und sah Anders mit ernstem Blick an. »Lass uns näher schleichen, vielleicht erfahren wir etwas.«

»Nein, nein.« Anders schüttelte den Kopf. »Ich kann das nicht, und du darfst dich wegen mir nicht in Gefahr bringen.«

»Warum?«, fragte Liva erstaunt.

»Na, ich möchte nicht, dass dir etwas passiert.«

»Das ist meine Sache, und mir passiert nichts. Die sind beschäftigt und das Gras ist hoch.« Liva machte sich vorsichtig daran, einen Fuß auf die Böschung zu setzen und in das Gurgelwasser hinabzusteigen.

»Aber die Hunde«, wandte Anders ein.

»Ach was! Der Feuergeruch ist streng und der Wind hilft uns. Wenn du dich ruhig hältst und im Wind bleibst, dann bemerken die dich nicht. Das sind Hunde, keine Wildkatzen.« Sie lächelte und stieg ins Wasser.

Anders schüttelte den Kopf. »Ich bringe mich nicht extra in Gefahr.«

»Dann wasch dich, leise«, antwortete Liva. »Reib dich mit Blättern und Erde ab.« Sie stieg hinab ins kühle Wasser und eilte leichtfüßig über die glitschigen Steine durch die Furt. Vorsichtig schob sie sich durch den Schilfgürtel, ohne dass auch nur ein Schilfhalm raschelte. Dann schlich sie zielstrebig durch das hohe, sich im Wind wiegende Gras auf das Lager der Jäger zu. Unzählige Käfer, Bienen und Schmetterlinge schwirrten summend und brummend von Blüte zu Blüte. Gerne hätte Liva ihnen bei ihrem Treiben zugesehen. Aber sie hatte ein Ziel, von dem Milva niemals etwas erfahren durfte, sonst würde sie Liva bis zum nächsten Schnee keinen Tag und keine Nacht mehr herumstreifen lassen. So viel war sicher. *Schon deswegen ist es besser, wenn Anders nicht bei mir ist*, dachte sie. *So laut, wie der durch den Wald stapft, hören ihn die Hunde schneller, als dass sie seinen Geruch in der Nase haben.*

So in Gedanken bemerkte Liva den rötlich-braunen Bluthänfling nicht, der auf der Spitze eines kräftigen Halms saß und bei den vielen schwirrenden Insekten nur den Schnabel in die Luft zu halten brauchte. Plötzlich flog er mit seinem lauten *Gäk Gäk* auf und schimpfte auf Liva herab. Unmittelbar darauf ertönte ein lautes und kurzes Bellen, gefolgt von mehrkehligem Knurren. Liva stoppte schlagartig, legte sich flach auf den Bauch und lauschte gespannt. Durch das dichte Gras konnte sie nichts erkennen.

»Na, was habt ihr denn?«, erklang die Stimme des Jägers mit dem braunen Wams. »Aus! Hört ihr?«

»Ach, lass sie doch«, sagte nun der andere. »Da wird ein Hase durchs Gras hoppeln.«

Aber die Hunde knurrten ohne Unterlass. Liva hörte das Gras rascheln. Sie hielt die Luft an. War einer der beiden aufgestanden? Kam er etwa in ihre Richtung?

»Setz dich wieder«, sagte nun der bärtige Jäger. »Und mach mit dem Vogel weiter. Ich habe Hunger, und braten müssen wir das Vieh auch noch.«

Aber das Gras raschelte weiter. Das waren eindeutig Schritte. Liva sah sich um. Wohin sollte sie? Wenn sie jetzt aufsprang und lief, würden sie die Hunde noch vor dem Gurgelwasser stellen.

»Bleib!«, sagte nun der mit dem braunen Wams mit Nachdruck und musste plötzlich lachen. »'ne Dorfkatze streift durchs Gras, und ihr lasst euch ärgern.« Er schien wieder Platz zu nehmen.

Liva atmete erleichtert aus. Da streckte Johans grauer Kater den Kopf durch die Gräser, schloss seine Augen zu Schlitzen und schnurrte. Liva nickte ihm dankbar zu. Schon verschwand er wieder und einen Augenblick später bellten die Hunde erneut wie wild.

»Lasst euch nicht ärgern«, lachte der Jäger. »Aus jetzt! Hört ihr?«

Dann wurde das Bellen zum Knurren, zum Winseln, einem heiseren Heulen und endlich kehrte wieder Ruhe in die Meute ein. Liva hörte das Feuer knistern und die Hunde, die noch vor Erregung schnauften. Sie entspannte sich. Zum Glück blies der Wind stetig und änderte nicht abrupt die Richtung.

»Was meinst du? Ist die Taube schon dort?«, fragte nun der mit dem braunen Wams.

»Ganz sicher«, entgegnete der Bärtige. »Die ist schnell und macht in einer Stunde, wofür wir zwei Tage brauchen. Die Herrin hat längst den Brief und kreischt schon ihre Befehle. Wetten?«

»Bei allen Waldgeistern! Die schrille Stimme krieg ich nicht mehr aus'm Ohr. Was meinst du, was sie vorhat?«

»Hm«, grunzte der Bärtige. »Die wird ihre Meinung nicht ändern. Sie will ihn tot sehen.«

Liva hielt sich ganz still und hörte aufmerksam zu. Das schien sehr wichtig, was die beiden da sprachen.

»Meinst du, sie kommt hierher und schickt uns noch einmal in den Wald?«

»Wollen wir hoffen, dass sie die Armee mitbringt.« Der Bärtige musste husten. »Ich geh da nicht wieder rein. Die Bauern hatten uns gewarnt. Und wir haben sie selbst gesehen. Bärenmutter, pah! Mit der will ich nichts zu tun haben. Waldgeister sind unberechenbar.«

»Und was willst du dann machen, wenn wir den Jungen weiter jagen müssen?«

»Keine Ahnung. Das findet sich dann. Ich weiß nur, dass ich mich nicht mit einem Waldgeist anlege, Zorn der Baronin hin oder her«, erwiderte der Bärtige. »Die kommt ganz sicher mit einer

Kompanie. Dann sind wir hoffentlich fein raus. Rupf endlich das Huhn, mein Magen knurrt.«

»Natürlich«, entgegnete der mit dem braunen Wams. »Ich schufte und du genießt deine Pfeife.«

Jetzt mischte sich plötzlich ein scharf-würziger Geruch in den Holzfeuerrauch. Liva rümpfte die Nase. Sie hatte schon zu viel gewagt. Es war an der Zeit, sich zurückzuziehen. Vorsichtig schob sie sich weg vom Lager der Jäger und kroch wieder auf den Schilfgürtel zu. Murmelnd wiederholte sie, was sie aufgeschnappt hatte und ihr wichtig schien: »Taube rief arme Marone, komm Pani.« Das musste sie sich unbedingt merken, für Anders.

~ 9 ~

Spitze Ohren

Liva schlich zurück zur Furt. Durch das Schilf konnte sie Anders sehen, wie er am anderen Ufer direkt am Fuß der Böschung stand. Und sie entdeckte noch jemanden. Verborgen im Schilf, auf einem trockenen Stein saß ganz ruhig der graue Kater. Nur sein Schwanz peitschte aufgeregt hin und her. Er beobachtete Anders, der sich gerade mit Erde abrieb.

Als sich Liva näherte, maunzte er kaum hörbar, sah sie kurz an und drehte den Kopf wieder zu Anders.

»Ich weiß«, antwortete Liva leise.

Der Kater maunzte ein zweites Mal.

»Um seinen Geruch loszuwerden. Die Hunde dürfen ihn nicht finden. Und die Menschen auch nicht.«

Jetzt fauchte der Kater.

»Aber vielleicht hilft es ein bisschen.« Liva seufzte. »Weißt du, Milva will nicht, dass er sich bei uns versteckt. Zu gefährlich.«

Der graue Kater sah Liva an und knurrte kaum hörbar.

»Menschen haben hier nichts zu suchen«, antwortete sie traurig und fügte nach einer kurzen Pause hinzu: »Sagt Milva.«

Der Kater verharrte einen Moment und fixierte Liva mit seinen gelben Augen. Seine Schnurrhaare vibrierten. Dann maunzte er plötzlich lang gezogen.

Liva hielt überrascht die Luft an. »Das kann nicht sein.« Sie schüttelte langsam den Kopf und sah wieder zu Anders hinüber, der immer noch damit beschäftigt war, sich mit Erde abzureiben. »Nein, das wäre mir doch aufgefallen, oder? Wenn du recht hast«, sie spürte, wie ihr Herz hüpfen wollte, »kann er vielleicht doch bleiben. Feen helfen Feen, sagt Milva.« Grinsend kraulte sie dem Kater das Fell. »Aber ich muss es sicher wissen. Ich will mich nicht zu früh freuen!«

Der graue Kater schnurrte, dann drückte er seinen Kopf gegen Livas Schulter und streichelte sie sanft. Kaum einen Wimpernschlag später verschwand er lautlos im Schilf.

Liva trat in die Furt und auf Anders zu. Der schreckte auf, atmete aber erleichtert aus, als er sie erkannte. »Stinke ich noch?«, flüsterte er, als sie bei ihm stand.

Sie beugte sich vor und kam ihm ganz nah. Dann sog sie die Luft ein und schnupperte. »Du riechst immer noch nach Mensch, aber jetzt auch ein bisschen nach Wald. Aber da ist etwas in deinem Geruch, das anders ist«, murmelte sie nachdenklich.

»Wie?«, fragte Anders entgeistert. »Wie meinst du das?«

»Er hat gesagt …«

»Wer?« Anders wich ein Stück zurück.

»Der Kater«, antwortete Liva. »Er hat gesagt, dass …« Schnell streckte sie ihre Hand aus und packte sein Haar. »Deine Ohren!«

Anders zuckte zurück. »Wie?« Er schluckte.

»Halt still!« Liva schob das lange schwarze Haar zur Seite und betrachtete Anders' Ohr. Es war nicht rund wie Menschenohren, sondern lief nach oben spitz zu. Vorsichtig fuhr sie mit den Fingern darüber und tastete dann nach ihren eigenen Ohren.

»Was soll das?«, protestierte Anders, ohne ihre Hand zurückzuschlagen.

»Nicht ganz so spitz, wie meine«, murmelte Milva, »aber eindeutig spitz.« Sie ließ Anders los und strahlte ihn an. »Der Kater hat recht. Du bist ein Feenjunge!«

Anders starrte sie an. »Ein bisschen.« Seine Antwort kam zögerlich und blieb ihm fast im Halse stecken. »Hasst du mich jetzt?«

»Warum?«, fragte Liva erstaunt. »Du hättest das gleich sagen sollen, am Tanzplatz der Leuchtkäfer. Wenn Milva das weiß, darfst du sicher bleiben. Feen helfen nämlich Feen!«

»Das heißt …« Anders' Augen wurden groß. »Ihr seid …«

»Feen«, sagte Liva. »Waldtrollige sind Feen.«

»Ich dachte nicht, dass es irgendjemanden gibt, der Feen hilft«, stammelte Anders langsam. »Schon gar nicht mir.«

Liva runzelte die Stirn. »Wie kommst du denn auf so was?«

In diesem Moment brach wildes Gebell los, auf das ein lang gezogenes Heulen folgte. Anders blickte ängstlich Richtung Dorf.

»Er kann es nicht lassen«, zischte Liva. »Lass uns verschwinden, in den Wald.« Sie schob Anders vorwärts, während er schwerfällig die Böschung hinaufkletterte. Im Schutz der Bäume blickte sie sich noch einmal um, hinaus auf die Hügel. Aber außer der dünnen Rauchfahne des Lagerfeuers, die stetig in den blauen Mittagshimmel zog, regte sich dort nichts.

»Meinst du, dass ich wirklich bleiben kann?«, stotterte Anders. Zum ersten Mal schlich ein leichtes Lächeln über seine Lippen.

 57

Liva zog die Schultern hoch und wiegte den Kopf hin und her. »Ich hoffe es. Wir müssen Milva sagen, dass du ein Feenjunge bist. Dann hilft sie dir, ganz sicher.«

»Nur halb«, sagte Anders leise.

»Was?«

»Meine Mutter war eine Fee und mein Vater ein Mensch.«

»Und wo sind die beiden?«

»Meinen Vater kenne ich nicht, und meine Mutter«, Anders zögerte, »ist nicht mehr.«

Liva kniff die Augen zusammen und überlegte. »Das verstehe ich nicht.«

»Nun«, entgegnete Anders knapp und senkte den Kopf.

»Ach! Die Jäger haben was Wichtiges gesagt, glaube ich«, wechselte Liva plötzlich das Thema. Sie wollte ihm ja erzählen, was sie aufgeschnappt hatte. »Warte, lass mich nachdenken.« Sie streckte einen Finger hoch. »Was sind, Taube rief arme Marone und … äh … komm Pani?«

Anders sah sie fragend an. Ratlos schüttelte er den Kopf. »Keine Ahnung.«

»Die Jäger haben von einer Taube geredet, die einen rief, und das schneller als die Jäger.«

»Warte.« Anders packte sie bei den Schultern und blickte ihr ins Gesicht. »Eine Taube? Gibt es im Dorf Tauben?«

»Ja, der Johan-Mensch hat viele.«

»Sie haben eine Taube geschickt?«

»Die einen rief.«

»Einen Brief«, verbesserte Anders. »An die Baronin?«

»Die …, ja, ich glaube«, antwortete Liva. »Die Marone.«

Anders ließ sie los und blickte über ihre Schulter hinweg zum Waldrand. »Wenn sie eine Taube nach Heckenrose geschickt haben, dann weiß die Baronin, dass ich hier bin.«

»Versteht die Marone Tauben? Ist sie auch eine Fee?«

Anders schüttelte den Kopf. »Nein. Sie hasst Feen. Aber die Jäger haben der Taube sicher eine Nachricht an den Fuß gebunden. Johan hat wohl Brieftauben.«

Was redete Anders da? Wie kann denn einer Taube eine Nachricht an den Fuß gemacht werden? Liva fand das sehr seltsam. Wenn sie eine Taube wäre, würde sie sich weigern. Aber das tat jetzt nichts zur Sache. Aufmerksam folgte sie Anders' Augen, die hin und her zu rasen schienen. Er dachte wohl sehr angestrengt nach.

»Die Frage ist nur, wann die Taube losgeschickt wurde«, murmelte er.

»Die Jäger sagten, dass hoffentlich Arme kommen.«

Anders sah sie plötzlich wieder aufmerksam an. »Eine Armee, meinst du. Eine Kompanie.«

»Ja, komm Pani, das haben sie auch gesagt, und, dass sie nicht in Milvas Wald gehen, weil sie zu große Angst vor ihr haben.«

Anders schien wieder in Gedanken. »Nur, wie viele sind eine Kompanie?«

Liva zuckte mit den Schultern. Warum fragte er sie das? Das war doch Menschenkram. »Weißt du, von was die Jäger gesprochen haben?«

»Nicht genau«, antwortete Anders. »Auf jeden Fall haben sie die Baronin benachrichtigt, dass ich hier bin.«

»Und sie sagten, dass sie ihre Meinung nicht ändert. Die Marone will was tot sehen.«

Anders atmete tief durch. »Mich.«

»Dich? Warum?«

Er schüttelte den Kopf. »Das weiß ich nicht.«

»Wenn sie Feen hasst, dann vielleicht deswegen«, sagte Liva. Das schien ihr zumindest die einzig passende Erklärung.

»Aber warum erst jetzt?«, flüsterte Anders. »Ich war mein ganzes Leben an ihrem Hof.«

»Na, hier bist du sicher.« Liva lächelte. »Menschen sind schon lange nicht mehr in unseren Wald gekommen. Und die Jäger trauen sich kein zweites Mal hierher. Wir erzählen das alles einfach Milva. Die weiß sicher, was das bedeutet.«

Anders nickte. »Ja, besser weg von hier.«

Liva hob das Kleiderbündel vom Waldboden auf und streckte es ihm hin. »Halt das gut fest, wenn ich dich trage.«

»Du trägst mich?« Anders blieb der Mund offen stehen.

Liva nickte. »Dann sind wir schneller. Ich hoffe, ich bin stark genug.«

~ 10 ~

Schweinsgalopp

Anders nahm fragend das Stoffbündel entgegen und wich plötzlich erschrocken zurück. Livas Blick hatte sich gewandelt. Auf einmal sah sie ihn grimmig an, während ihr Hauer aus den Mundwinkeln wuchsen. »Keine Angst«, schnaufte sie. »Ich verwandle mich nur.« Ihre Stimme klang mehr und mehr nach einem Quieken und irgendwie wirkte sie kräftiger. Im nächsten Moment fiel sie mit einem Grunzen auf die Hände. Ihr Rücken krümmte sich und schon stand ein Wildschwein vor ihm. »Steig auf«, quiekte sie.

»Und wo soll ich mich festhalten«, fragte Anders. »Ich bin noch nie geritten.«

»In meinen Borsten. Da kannst du ruhig zupacken. Das spür ich kaum.«

Anders nickte und nahm Platz.

»Fertig?«, fragte Liva.

»Ich weiß nicht«, antwortete er, während er sich flach auf ihren Rücken duckte und in die drahtigen Borsten krallte, das Stoffbündel zwischen sich und Liva. Schon galoppierte sie in den finsteren Wald hinein.

 61

Unter Anders donnerten Livas Hufe über den Waldboden. In Windeseile flogen Sträucher, Bäume und Büsche an ihm vorbei. Dank des dichten Blätterdaches konnte er nicht viel erkennen, und es gelang ihm kaum, im Schweinsgalopp den Oberkörper zu heben und sich umzusehen. Wenn Liva grunzend durchs Unterholz brach, schützte er sein Gesicht mit dem Arm vor den knackenden und peitschenden Ästen. Immer wieder schlug sie einen Haken und dann noch einen. Links von sich meinte Anders durch die Bäume die Farnsenke zu erkennen, wo er Liva und Milva im Morgengrauen begegnet war. Aber schon flossen das Grün, Braun und Schwarz des Waldes wieder an ihm vorbei.

Jetzt ging es einen kleinen Hügel hinauf. Liva wurde langsamer. Trotz ihres Galopps schien sie nicht außer Atem zu sein, und schnaufte ganz ruhig. Anders hob den Kopf. Auf der Anhöhe standen Buchen dicht an dicht. Liva schlüpfte zwischen ihnen hindurch und weiter ging es im Schweinsgalopp, hinab in eine Senke. »Vorsicht!«, grunzte Liva. »Lehn dich nach hinten!«

Mit aller Kraft versuchte Anders, sein Gewicht nach hinten zu drücken, aber da war es schon zu spät. Er spürte, wie sein aufgerichteter Körper hügelabwärts gezogen wurde.

»Du bist zu schwer«, quiekte Liva. Schon brachen ihr die Vorderläufe weg und sie rutschte. Anders konnte durch den Ruck sein Gewicht nicht mehr halten, fiel nach vorne und schlug über Livas Kopf hinweg auf den Abhang. Noch bevor er es sich versah, überschlug er sich und stürzte kullernd und rollend weiter, begleitet von Livas Quieken und Grunzen, die neben ihm zusammen mit dem Stoffbündel den Abhang hinabrutschte. Dumpf schlug er auf den Waldboden und kam auf feuchtem Moos zum Liegen.

 62

»Geht es dir gut?«, grunzte sie und schnüffelte an ihm.

»Ja, ja. Ich denke schon«, stöhnte er. Der Aufprall schmerzte weniger als erwartet. Boden und Moos waren weich. Liva drückte ihm ihren Kopf in die Seite und half ihm hoch. Sie musste ziemlich grunzen, was Anders irgendwie an Lachen erinnerte. Ihr Maul zog sie so breit, dass die spitzen gelben Hauer deutlich zum Vorschein traten. »Was ist so lustig?«, stammelte er und klopfte sich den Waldboden aus den Kleidern.

»Das sollten wir mal wieder machen«, quiekte sie und blickte den Abhang hinauf.

»Na, ich weiß nicht«, antwortete Anders ein wenig verdattert und sah sich um. Direkt vor ihm, am Fuß des Abhangs, bewegte sich der Waldboden, als würde er kriechen. Erst auf den zweiten Blick erkannte er einen schmalen braun-rötlichen Bach, der sich seinen Weg durch die Senke bahnte und unzählige Blätter und dürre Äste mit sich trug. Er schien nicht tief. Anders fiel auf die Knie und tauchte seine Hände in das Nass. Auch wenn er vom Gurgelwasser etwas getrunken hatte, war er doch immer noch sehr durstig.

»Langsam, sonst ...«, grunzte Liva.

Schon musste Anders husten. Das Wasser war so eisig, dass es ihm den Atem raubte. Liva klopfte ihm mit einem Vorderlauf auf den Rücken. »Der Bach heißt nicht umsonst Kaltwasser«, sagte sie. »Jetzt ist es nicht mehr weit. Komm, sitz auf! Wir müssen nur noch seinem Lauf folgen.«

Auch wenn die Mittagsstunde längst vorbei sein und die Sonne ihren höchsten Stand überschritten haben musste, herrschte unter dem Blätterdach immer noch trübes Zwielicht. Trotz der Düsternis war der Wald erfüllt vom Zwitschern und Trällern der Vögel. Nach einer Weile erreichten die beiden eine schmale Klamm, in die der Bach kroch. Hier war das Blätterdach weniger dicht und wärmende Sonnenstrahlen trafen auf ihren Eingang, der von riesigen Heckenrosen mit weißen Blüten nahezu verborgen wurde. Nie wäre Anders auf die Idee gekommen, sich durch die dornenbewehrten Äste zu zwängen, aber Liva trabte direkt darauf zu. Sie grunzte kaum merklich und die Heckenrose wich. Kurz drauf fand sich Anders in der engen, dunklen Klamm wieder, von deren Seiten feuchte Wurzeln herabhingen. Livas patschender Hufschlag hallte von den Steinwänden, und ein Kauz rief irgendwo über ihnen sein unverkennbares *Huh-huh.* Dann öffnete sich die Klamm und der Wald spuckte sie auf eine sonnendurchflutete Lichtung. Gegenüber erhob sich ein riesiger Hügel, auf dem Bäume wurzelten. Zwischen ihnen klaffte in der Hügelseite ein großer Spalt. Vor dem Hügel wuchsen unzählige Pflanzen und blühten in allen Farben. Anders erinnerte das ein wenig an einen Garten, auch wenn es keinen Zaun gab. Die Bienen und Käfer brummten und summten. Und mittendrin kniete Milva. Als sie sich erhob, stoben unzählige bunte Schmetterlinge auf. Ihr Blick war nicht freundlich, vielmehr grimmig. Anders wurde mulmig zumute. Er stieg ab und verneigte sich unbeholfen, das Stoffbündel unterm Arm. Neben ihm richtete sich Liva auf und im Handumdrehen stand das wilde Mädchen an seiner Seite. »Warte!«, rief sie. »Bevor du jetzt – «

Aber da dröhnte schon Bärenmutters tiefe Stimme. »Was macht er hier? Ich habe gesagt, dass er hier nichts zu suchen hat!«

Anders erzitterte und senkte schnell den Blick.

»Soll ich mich verwandeln?«, donnerte sie wütend. »Soll ich ihn aus meinem Wald jagen?«

~ 11 ~

Feen helfen Feen

»Nein, sollst du nicht«, rief Liva trotzig.

Anders spürte, wie sie ihn plötzlich nach vorne schob. Er hatte wenig Lust, sich ihrer wütenden Mutter zu nähern, aber Liva ließ nicht nach. Widerwillig setzte er einen Fuß vor den anderen.

»Rieche an ihm«, forderte sie.

»Wie bitte?« Bärenmutter stutzte.

»Du sollst an ihm riechen!«, wiederholte Liva. »Seine Ohren, sein Geruch. Er ist einer von uns, ein Feenjunge. Er ist wie wir. Los, schnupper an ihm«, drängte sie.

Milva trat auf Anders zu und beugte sich vor. Anders war ganz steif. Angespannt drehte er sein Gesicht zur Seite, als sie die Luft um ihn zweimal tief einsog. Er spürte ihren Atem an seinem Hals. Dann ließ sie ab und legte ihren zerzausten Kopf schief. »Da ist etwas«, brummte sie nachdenklich.

Bevor Anders wusste, was geschah, schoss ihre Pranke vor und packte sein Haar. »Au!«, rief er.

»Stell dich nicht so an, Mensch!«, knurrte Milva, zog seine Haare hoch und betrachtete sein Ohr.

»Siehst du?«, rief Liva. »Kein Mensch hat spitze Ohren! Er ist ein Feenjunge, also halb, hat er gesagt.«

Anders riss sich von Milva los, stolperte zurück und sah sie für einen Augenblick grimmig an.

»Wer bist du?«, brummte Milva bedrohlich.

»Meine Mutter …«, begann Anders stotternd.

»… war eine Fee«, vervollständigte Liva seinen Satz.

Anders nickte zögerlich. »Aber – «

»Kein Aber«, rief Liva. »Es ist doch gut, wenn er ein Feenjunge ist, oder Milva? Dann kann er bleiben und sich hier verstecken.«

Milva schien nicht so begeistert wie ihre Tochter. »Trotzdem hat er hier nichts zu suchen«, brummte sie. »Sein Feenhauch ist schwach, mehr Mensch in der Luft um ihn.«

»Aber Feen helfen einander. Das sagst du immer«, protestierte Liva.

Milva kratzte sich den Bauch und blickte Anders an. »Warum sind die Jäger hinter dir her?«

»Die Jäger!«, rief Liva, bevor er antworten konnte, und fuhr hektisch fort: »Das musst du unbedingt wissen. Die Marone hat einen Brief von der Taube vom Johan-Mensch.«

»Die Baronin«, verbesserte Anders.

»Und sie hasst Feen. Sie will Anders töten«, sagte Liva. »Und sie kommt mit Armen.«

»Was soll das heißen?«, fragte Milva ruhig.

»Die Baronin von Heckenrose will mich töten«, erklärte Anders. »Ich weiß nicht, warum. Die Jäger haben ihr eine Brieftaube geschickt und hoffen, dass Verstärkung kommt.«

»Verstärkung?« Milva sah ihn prüfend an.

»Eine ganze Kompanie.«

»Weil sich die Jäger nicht mehr alleine in deinen Wald trauen«, ergänzte Liva.

»Was ist eine *Kompanie*?«, fragte Milva.

Anders zog die Schultern hoch. »Soldaten, wie viele weiß ich nicht.«

»Warum will sie dich töten?«

»Das weiß ich wirklich nicht. Meine Mutter war eine Fee. Sie arbeitete auf Schloss Heckenrose. Und ich auch. Seit ich denken kann, bin ich dort Küchenjunge.«

»Sicher, weil sie Feen hasst«, sagte Liva.

Milva brummte bedrohlich, ohne etwas zu sagen. Sie blickte über Anders und Liva hinweg in Richtung Klamm.

»Wir helfen ihm, oder?«, fragte Liva. »Feen helfen Feen.«

»Ich kann mich ein wenig ausruhen und dann verschwinden«, stotterte Anders. Er sah Milva nun direkt an. »Wenn ihr mich los seid, kommen sie auch nicht hierher.«

Aber sie schüttelte stumm den Kopf und sagte mit einem gefährlichen Brummen: »Die lassen uns nur in Ruhe, wenn du zu ihnen gehst.«

»Aber – « Liva blieb der Mund offen stehen.

»Aber ich lasse nicht zu, dass ein Mensch eine Fee tötet«, fuhr Milva grimmig fort. »Auch keine Halbfee. Du wirst dich ausruhen, und ich muss wissen, wie viele Menschen zu meinem Wald kommen. Geh in die Höhle. Iss und schlaf. Dann sehen wir weiter.«

Mit einem Schlag verließ Anders die Anspannung, die ihn die letzten Tage getrieben hatte. Seine Beine zitterten und eine un-

endliche Müdigkeit ergriff ihn. Er nickte und presste ein schwaches *Danke* hervor, während ihm eine Träne über die Wange rollte.

»Danke, Milva!« Liva klang sehr glücklich. Sie griff Anders unter den Arm, nahm das Stoffbündel an sich und führte ihn an Milva vorbei auf den Spalt im Hügel zu.

»Endlich kann ich mich ausruhen«, flüsterte Anders schwach.

»Ja, komm in unser Haus«, antwortete Liva. »Bei uns ist es sehr gemütlich.«

Liva führte ihn durch den von grünlich schimmernden Pilzen erhellten Gang und blies den Wurzelvorhang beiseite. Als sich seine Augen an das Dämmerlicht gewöhnt hatten, staunte Anders nicht schlecht über die gemütlich eingerichtete Wohnhöhle, von deren Decke ebenfalls seltsame grüne Pilze schimmerten. Es war düster, aber hell genug, um alles erkennen zu können. Liva schob ihn zu einem breiten Steintisch und wies ihm einen von drei großen runden Steinen zu, die rund um den Tisch standen. Anders nahm Platz, stützte die Arme auf den Tisch und den Kopf in seine Hände. Auch wenn seine Augen bereits zufallen wollten, freute er sich auf ein wenig Nahrung, ganz egal, was ihm die beiden vorsetzen würden.

Nachdem Liva das Stoffbündel abgelegt hatte, brachte sie eine mit Wasser gefüllte weiße Vase, die mit Blumen bemalt war. Die Bemalung hatte schon Risse und blätterte hier und da ab. »Und du hast so richtig bei den Menschen gelebt?«, fragte sie. »Erzähl mal, wie das war.«

»Schlecht«, brummte Milva, die hinter ihnen in die Höhle gekommen war und nun auch am Tisch Platz nahm.

»Es war eben, wie es war«, antwortete Anders. »Die meisten wussten nicht, was ich bin …«

»*Wer* du bist«, unterbrach ihn Milva und betonte das erste Wort ganz besonders.

»Ich war Küchenjunge im Schloss«, fuhr Anders fort, »und habe Zwiebeln geschält oder die Töpfe ausgewaschen oder die Küche gefegt. Was Küchenjungen eben so machen.«

Milva schob Anders die Vase hin. »Trink.«

Liva legte nun drei große Rindenstücke auf den Tisch, die wie eine Schale gekrümmt waren und dunkle Beeren, Nüsse und Pilze enthielten. »Es gibt noch andere Küchenjungen? Sind die auch Halbfeen und haben die auch Zwiebeln gequält?«

»Du meinst, Zwiebeln geschält.« Anders schüttelte den Kopf. »Jeder hatte seine Aufgaben.« Er griff nach der Vase und nahm einen Schluck. Das Wasser schmeckte angenehm würzig.

»Und du musstest all das machen, was die anderen nicht machen wollten«, sagte Milva.

Anders nickte. »Ich musste auch in der Küche schlafen, auf der Holzbank. Nicht wie die anderen, die in den Gesindekammern in richtigen Betten schliefen. Aber ich war schon froh über die Bank am Kamin.«

»Feen dienen«, brummte Milva. »Menschen befehlen.«

Anders spürte die Verachtung für die Menschen, die in ihren Worten lag.

»Nicht in meinem Wald«, brummte sie weiter. »Hier sind wir frei und leben, wie Feen leben sollten.«

»Sie ließen mich in Ruhe, solange ich meine Arbeit erledigte«, sagte Anders und nahm ein paar Nüsse, die leider nicht geschält

waren. Er versuchte, sie mit der bloßen Hand zu knacken, aber das gelang ihm nicht. Da merkte er, dass Liva ihn überrascht ansah. »Habt ihr einen Nussknacker?«

»Einen was?«, fragte Liva.

»Na, etwas, um die Nuss aus der Schale zu holen.«

»Warum willst du das?«

»Weil die Schale … nicht schmeckt?«, fragte Anders langsam zurück, verblüfft über Livas Frage.

»Aber die Schale ist doch am besten.« Liva konnte offensichtlich keinerlei Verständnis für seinen Wunsch aufbringen. »Probier die Nüsse mal so, dann wirst du schon sehen.« Sie griff nach der Vase und nahm einen Schluck.

»Er kann die Schale nicht zerbeißen«, sagte Milva ruhig. »Sonst macht er sich die Zähne kaputt.«

»Wirklich?« Liva machte ein mitleidsvolles Gesicht, als hätte Anders eine Krankheit. »Auch, wenn sie trocken sind?« Sie zeigte auf die Pilze und lächelte ihm munter zu. »Nimm die, die konntest du ja kauen.«

Anders seufzte. »Habt ihr etwas Butter und eine Pfanne, damit ich sie braten kann?«

Livas Stirn warf nun unzählige Falten. Offensichtlich kannte sie auch keine Butter oder Pfannen. Anders sah zu Milva, die nur den Kopf schüttelte. Und dann erst fiel ihm auf, dass es keinen Herd gab, nicht mal eine Feuerstelle. »Was macht ihr, wenn euch kalt ist?«, fragte er.

»Mehr anziehen«, antwortete Liva und wechselte das Thema. »Was bist du eigentlich für ein Feenjunge, äh, Halbfeenjunge?«, verbesserte sie sich selbst.

»Das weiß er nicht«, antwortete Milva, bevor Anders es konnte. »Er hat alles verloren, was uns ausmacht, wenn er es überhaupt jemals hatte. Du kannst mit den anderen hier sprechen, riechst, was um dich ist und kannst alles sehen, auch wenn die Sonne nicht bis hierher reicht. Deine Füße finden immer sicheren Tritt. So wie meine. Wir werden zu Bär und Wildschwein, wenn wir es brauchen. Das alles kann Anders nicht und hat es wohl nie gekonnt.« Milva legte den Kopf schief und fuhr fort. »Bei den Menschen schwinden unsere Kräfte, bis sie verloren sind. Daher können die Menschen mit ihm auch umspringen, wie sie möchten. Sicher verlor seine Mutter ihren letzten Funken Kraft, als sie sich mit seinem Vater eingelassen hat.«

»Aber warum schwinden sie?«, fragte jetzt Anders und schob sich ein paar Beeren in den Mund, die angenehm süß waren und ihn ganz entfernt an Birnen erinnerten.

»Weil ihr nicht lebt, wie Feen leben sollten«, antwortete Milva. »Ihr lebt wie Menschen.« Die letzten Worte spuckte sie regelrecht aus.

»War seine Mutter eine Waldtrollige?«, fragte Liva.

Milva schnupperte noch einmal an Anders und schüttelte dann den Kopf.

»Was ist er dann? Also, was ist er halb dann?«

»Sie war vielleicht eine Mondtänzerin oder eine Teichnymphige«, antwortete Milva und blickte dabei Anders in die Augen. »Die meinen immer, dass sie es bei den Menschen besser haben. Aber du siehst ja, wie es ihm geht. Wir leben besser an unseren Orten.«

»An euren Orten?«, wiederholte Anders langsam.

»Die Menschen haben viele von uns vertrieben oder zu ihren Dienern gemacht und viele Feenorte zerstört«, antwortete Milva. »Es gibt nur noch wenige wie diesen Wald, wo wir leben können, wie es richtig ist. Und solche Orte müssen wir schützen. Menschen dürfen sie nicht betreten.« Sie knetete ihre Fäuste. »Und deswegen solltest du nicht bleiben, damit keine Menschen kommen. Wenn ihr aber die Jäger richtig verstanden habt, dann werden sie dich weiter suchen mit dieser Kompanie. Sie werden wieder in den Wald kommen und es werden mehr kommen.«

Anders schluckte und blickte Liva und ihre Mutter stumm an. Es tat ihm sehr leid, dass er die beiden und ihre Heimat in Gefahr brachte. »Was kann ich tun, um das zu verhindern?«, flüsterte er und fürchtete schon die Antwort.

»Du könntest zu den Jägern gehen und dich fangen lassen«, antwortete Milva kühl.

»Aber das erlauben wir nicht«, sagte Liva.

»Richtig.« Milva nickte und blickte nachdenklich zum Höhleneingang. »Wenn Kauz recht hat, dann ist eine besondere Zeit angebrochen.«

»Was meinst du damit?« Liva nahm Anders die Worte aus dem Mund.

»Werden wir sehen«, antwortete Milva geheimnisvoll. »Anders muss zu Kräften kommen. Ich suche Kauz.« Sie erhob sich und trat auf einen Wurzelvorhang zu. Kurz bevor sie ihn erreichte, teilte er sich und gab den Blick auf einen Haufen aus Tannenzweigen und Moosen frei. Milva drehte sich zu Anders. »Ruh dich jetzt aus.«

Anders nickte müde. Der einladend weiche Haufen hatte eine magische Anziehung auf ihn. Müde zog er seine Schuhe aus und schleppte sich zu dem würzig frisch duftenden Bett. Als er sich lang gemacht hatte, übermannte ihn eine bleierne Müdigkeit und schickte ihn in einen tiefen Schlummer. Er merkte nicht mehr, wie sich der Wurzelvorhang geräuschlos schloss.

~ 12 ~

Menschenschwarm

Anders schreckte auf. Sein Atem ging schnell. Hatte er geschrien? Der Mund war trocken und die Kehle kratzte. Er saß auf einem Haufen aus Moosen und Tannenzweigen. Um ihn herum Fels und lange Wurzelstränge beschienen von grünem Zwielicht. Wo war er?

Plötzlich teilten sich die Wurzelstränge und Milva blickte hindurch. »Du bist also wieder wach«, brummte sie ruhig. »Komm. Ich habe Kauz gesprochen.«

Anders sah sie mit großen Augen an, da kehrte schlagartig die Erinnerung zurück. Wildschwein und Bär, Liva und Milva. Richtig! Er war bei ihnen, in ihrer Höhle. Er atmete tief durch. Das erste Mal seit einer Ewigkeit fühlte er sich erfrischt und nicht matt und kraftlos. Nachdem er sich erhoben hatte, folgte er ihr durch den Vorhang in die Höhle, wo Liva gerade einen kleinen Berg aus den Birnen-Beeren auf einem Stück Birkenrinde aufhäufte. Daneben lagen wieder die dicken braunen Pilze. Anders lächelte schmal und dachte sehnsüchtig an das Essen, das er in der Schlossküche bekommen hatte. Brot, Käse, eine Zwiebel oder ein Apfel, das wäre jetzt ein richtiges Festmahl. Trotzdem wollte er nicht unhöflich sein. Er verdankte den beiden sein Leben und jetzt versorgten sie ihn mit allem, was sie wohl aufbringen konnten. »Danke«, sagte er knapp und setzte sich.

»Hm«, entgegnete Milva. »Bedanke dich bei Liva. Ohne sie hätte ich dir nicht geholfen.«

Anders nickte brav und nahm von den Beeren. »Wie lange habe ich geschlafen? Ich fühle mich so gut, wie seit einer Ewigkeit nicht mehr.«

»Die Sonne ist schlafen gegangen und nun auch schon wieder länger wach«, erwiderte Liva und schob sich eine Walnuss samt Schale in den Mund, dass es nur so krachte.

Anders stutzte. »Einen ganzen Tag und eine Nacht?« Er sah die beiden überrascht an. »Wie spät ist es jetzt? Wieso lasst ihr mich so lange schlafen?«

»Du brauchtest Ruhe«, antwortete Milva. »Jetzt geht es dir besser, oder nicht?«

»Äh, ja«, seufzte er. »Aber habt ihr nachgesehen, ob sich etwas beim Dorf zugetragen hat?«

»Zugetragen?«, murmelte Liva und nahm sich eine weitere Walnuss. »Was soll was getragen haben?«

»Na, die haben doch eine Brieftaube geschickt. Ist seitdem etwas Wichtiges passiert? Sind Soldaten gekommen?«

»Lange nicht«, antwortete Milva langsam. »Aber dann ist etwas passiert. Kauz hat es mir berichtet. Die Sonne wurde schon wieder wach, da hat er einen lauten Menschenschwarm entdeckt, der sich langsam nähert.«

»Kommt er hierher, der Menschenschwarm? Ist er schon da?«

Anders spürte, wie sich ihm die Kehle zuschnürte. Eigentlich sollte er so schnell wie möglich verschwinden.

»Genau das muss ich wissen«, sagte Milva.

»Dann schick doch Kauz oder einen anderen Vogel«, sagte Liva.

Aber Milva schüttelte den Kopf. »Wenn sich der Menschenschwarm wirklich hier niederlässt, muss ich wissen, was der Schwarm will. Es gibt aber nur einen, der das herausfinden kann.« Ihre eisblauen Augen ruhten auf Anders.

»Wie, ich?« Anders starrte Milva mit offenem Mund an. »Ich kann da nicht hin! Die suchen mich doch.«

»Du musst. Ich und Liva verstehen nicht viel von Menschen«, antwortete Milva. »Wir sind Waldtrollige. Du aber bist halb Mensch und hast bei ihnen gelebt. Du verstehst die Menschen am besten.«

»Aber, dann begebe ich mich in große Gefahr«, sagte Anders fassungslos.

Milva sah ihn eindringlich an. »Du hast uns den Menschenschwarm gebracht. Du musst herausfinden, ob der Schwarm eine Gefahr für meine Heimat ist. Liva bringt dich zum Gurgelwasser. Wir haben dir geholfen. Jetzt hilfst du mir und beobachtest den Schwarm vom Wald aus. Sag mir, was er macht und was er will.«

Anders schluckte. Milva hatte recht. Er stand in ihrer Schuld, und jetzt konnte er sich erkenntlich zeigen.

»Und vielleicht kommt der Schwarm ja gar nicht bis zum Wald. Vielleicht hat er sich geirrt«, sagte Liva ernst. »Und wenn doch, dann musst du einfach auf den Wind achten. Ich helfe dir. Die Menschen werden uns nicht entdecken.« Dann lächelte sie ermutigend, warf sich eine letzte Walnuss in den Mund und stand auf. »Komm, ich trage dich.«

»Ich – « Anders wusste nicht, was er sagen sollte. Es fühlte sich schrecklich unbehaglich an, zu denen zurückzugehen, vor denen er geflohen war. Er hatte ja auch nicht vergessen, warum er geflohen war. Trotzdem, er hatte Milvas und Livas Heimat in Gefahr gebracht. Jetzt musste er ihnen helfen, denn ohne sie wäre er längst nicht mehr am Leben. Vielleicht würde das ja gar nicht so schwer. Er atmete tief durch und nickte. »Darf ich noch austreten?«

»Aus-was?«, fragte Liva.

»Ähm, ich, na ja«, stammelte Anders.

»Dauert das lang?«, fragte Liva.

Anders schüttelte stumm den Kopf.

Liva lächelte und nickte. Dann winkte sie ihm, ihr zu folgen, blies den Wurzelvorhang zum Höhleneingang auseinander und die beiden traten nach draußen.

Die Mittagssonne schien warm und hell auf die Lichtung vor Milvas Höhle. Nachdem Anders erledigt hatte, was nötig war, schlug Liva den Weg zur Kaltwasser-Klamm ein. Als sie unter das Blätterdach tauchten, sagte sie beiläufig: »Ich glaube ja nicht, dass der Menschenschwarm kommt. Das trauen die sich nicht.«

Anders musste kurz auflachen und sagte dann mit bitterer Stimme. »Die Jäger haben es gewagt. Da wird es ein Menschenschwarm erst recht wagen, besonders wenn es Soldaten sind. Menschen trauen sich zusammen immer mehr, als wenn sie alleine sind.«

»Hm.« Liva sah ihn nachdenklich an. »In Milvas Wald sind wir sicher, solange Milva da ist.«

»Das ist doch gar nicht ihr Wald«, sagte Anders aufgebracht, auch wenn er seinen Anflug von Wut sofort bedauerte. Liva wusste ja nichts von Soldaten.

»Natürlich. Wessen denn sonst?«

»Der Wald gehört der Baronin von Heckenrose«, erklärte er langsam, um sich zu beruhigen. »Sie ist die Herrin des Landes. Ihr gehört das alles hier.«

»Unmöglich«, sagte Liva und machte eine abwehrende Geste. »Die Marone war noch nie hier. Der Wald gehört Milva.«

»Milva ist aber keine Heckenrose.«

»Natürlich nicht. Sie ist eine Waldtrollige.«

»Ich meine, dass sie nicht zur Familie derer von Heckenrose gehört, zur Familie der Baronin. Sie ist also keine Adlige. Ihr kann das Land gar nicht gehören.«

»Was ist eine Adlerige?«, fragte Liva überrascht und blieb am Ufer des träge fließenden Kaltwassers stehen.

»Eine Adlige«, antwortete Anders. »Das ist eine edle Frau, also Menschenfrau, oder auch ein edler Menschenmann, ein Adliger. Denen gehören das Land und die Stadt und meistens auch ein Schloss.«

»Hat diese Marone, äh Ba-ro-nin, also auch einen Baronerich?«

Anders schüttelte den Kopf. »Nicht mehr. Der ist schon vor Langem gestorben. Da war ich noch klein und meine Mutter am Leben.«

»War deine Mutter freundlich, so wie meine?«

Anders atmete tief durch. »Ich weiß es nicht mehr. Ich kann mich kaum erinnern«, antwortete er zögerlich. »Ich weiß nur, dass sie oft traurig war.«

»Aha«, antwortete Liva und ließ sich auf die Hände fallen. »Komm. Wir müssen zum Gurgelwasser.« Im nächsten Augenblick stand wieder das Wildschwein vor ihm. Seufzend stieg Anders auf und schon ging es los durch die Klamm und die Heckenrosensträucher, den Hügel hinauf und an den Buchen vorbei.

Das Reiten fiel Anders schon leichter, sodass er sich in Milvas Wald umsehen konnte. So etwas wie diesen Ort hatte er noch nie gesehen. Zwischen den Bäumen, die das dichte Blätterdach trugen, schossen junge Triebe in die Höhe und suchten ihren Weg zum Tageslicht, während in direkter Nachbarschaft rissig-knorrige und vernarbte Bäume wieder zu Boden sanken. Manche gebeugt, mit tiefen Wunden, die ihnen Wetter und Zeitzahn zugefügt hatten. Bräunliche und weiße Pilzfamilien tummelten sich eng auf den faulen Resten derer, die längst gestürzt waren, und besiedelten jeden Fleck, der ihnen Halt bot. Alles wuchs und verfiel zur gleichen Zeit, wie ein ewiges Werden und Gehen. Ameisenstraßen schoben sich über den Waldboden. Vögel hüpften durch die Sträucher auf der Suche nach leuchtend-reifen Früchten. Und ringsherum tanzten Käfer, Mücken und Falter. Über allem lag ein Zirpen und Knacken, ein Rauschen und Rascheln, gebettet in würzig-feuchten Dampf, den die hellen Sonnenstrahlen, die vereinzelt durch die Blätter drangen, zum Glitzern brachten.

Schweigend und nicht ganz so schnell wie bei Anders' erstem Ritt trabte Liva unter einem umgestürzten Baum hindurch, der in den Ästen anderer Bäume hing, als hätten ihn seine Verwandten mit ihren kräftigen Armen im Sturz aufgefangen. Sie schnaubte und grunzte. Als sie die Farnsenke erreicht hatte, hielt sie an und quiekte: »Runter mit dir.«

»Bin ich dir zu schwer?«, fragte Anders ein wenig besorgt und stieg ab.

»Es geht schon«, keuchte Liva, die sich blitzschnell zurückver-
wandelt hatte. »Von hier ist es nicht mehr weit zum Gurgelwasser.
Das können wir laufen.« Sie setzte sich wieder in Bewegung und
Anders folgte ihr. »Wofür ist eigentlich der Holzvielfuß, den die
Menschen im Dorf haben?«, fragte sie unvermittelt.

»Der was?«

»Na, die Menschen haben da in jeder Haushöhle einen oder
auch viele. Das ist ein so langer Körper«, Liva versuchte, mit den
Händen zu zeigen, was sie meinte, »wie ein Vielfuß.«

»Was ist ein Vielfuß?«

»Na, ein Waldtier. Ein schwarzer Wurm mit vielen Füßen eben«,
antwortete Liva. »Und an diesem Holzding sind ganz viele Füße
oder Stacheln, nur nicht richtig spitz. Meistens ist der Holzvielfuß
lang wie meine Hand und breit wie zwei oder drei Finger. Manche
Holzvielfüße sind auch länger und haben einen Schwanz. Und die
vielen Füße gehen ganz gerade runter, so.« Sie wischte enge kurze
Striche in die Luft.

»Ach, du meinst einen Kamm.«

»Kamm?«, wiederholte Liva und kräuselte die Nase.

»Wir Menschen kämmen damit unsere Haare … äh, die Menschen«, verbesserte sich Anders. »Damit macht man die Haare
glatt und zieht die Knoten raus.«

»Glatt?« Liva schüttelte den Kopf. »Warum?«

Darauf hatte Anders keine Antwort. »Weil es so vielleicht …
schöner ist?«

»Ist es das?«

»Ich weiß nicht.« Anders kratzte sich am Kopf.

»Dann muss ich das auch mal leihen«, sagte Liva nachdenklich

 80

und legte Anders plötzlich ihren Zeigefinger auf die Lippen. »Psst! Das Gurgelwasser ist nah.«

Wenig später mischte sich das Plätschern von Wasser in das Zwitschern, Knistern und Knacken des Waldes. Und schon lag der Waldrand vor ihnen. Liva wurde langsamer und suchte im Waldsaum Deckung. Anders kniete sich neben sie. Ein sanfter Wind blies über die Hügel und ließ die Blätter rascheln. Das Lager der Jäger stand nach wie vor an seinem Ort, und die Kerle schienen zu dösen.

»Wo ist nun der Menschenschwarm, den Kauz gesehen hat?«, flüsterte Anders. Denn weit und breit war kein anderer Mensch, als die beiden Jäger, zu sehen.

»Vielleicht trauen sie sich ja doch nicht hierher«, antwortete Liva. »Oder sie wollten gar nie kommen.«

Anders konnte das kaum glauben, nickte aber langsam. Sollte er wirklich ein wenig Glück haben? Er setzte sich nieder und atmete auf, als plötzlich ein donnerndes Dröhnen die Luft erfüllte und alles erzittern ließ.

»Was ist das?«, stammelte Liva und packte ihn am Arm. »So einen schrecklichen dumpfen Schrei habe ich noch nie gehört.«

Noch ein Dröhnen, jetzt lauter und lang gezogener. Anders richtete sich wieder auf die Knie und lauschte. Wieder folgte der lange dröhnende Ton. Liva zuckte zusammen. Anders spürte, wie sich seine Muskeln anspannten und ein unangenehmes Kribbeln den Magen ergriff. »Der Menschenschwarm«, raunte er. »Er kommt.«

»Das ist zum Fürchten«, flüsterte Liva. »Wie ertragen das die Menschen?« Sie war sichtlich beunruhigt.

Die beiden blickten gebannt hinüber zum Lager, wo sich die Jäger samt ihren Hunden erhoben hatten und auf die Hügelkuppe Richtung Krautsaum stiegen. Ein weiteres Mal dröhnte es tief und laut, jetzt begleitet von Rasseln und Klappern. Anders schluckte. Er kannte diesen Lärm nur zu gut. »Das sind Hornbläser und Trommler«, flüsterte er. »Jedes Mal, wenn die Baronin ausreitet oder heimkehrt, spielen sie Musik.« Gebannt blickte er zu den Jägern, von denen jetzt einer seine Augen mit der Hand gegen die Mittagssonne abschirmte. Die Hunde an seiner Seite wedelten mit den Schwänzen und trippelten aufgeregt auf der Stelle. Unter die Marschmusik mischte sich nun ein dumpfer, gleichmäßiger Donner, der von der Erde zu kommen schien.

»Was ist das nun wieder?«, raunte Liva.

»Schritte von Stiefeln. Das ist die Kompanie. So einen Lärm machen nur Soldaten.«

»Und was machen die sonst?«, fragte Liva.

»Soldaten sind Menschen, die kämpfen«, antwortete Anders. »Mit Waffen, wie Bögen.«

»Bögen?!« Liva sah ihn entsetzt an.

Da, urplötzlich reckte sich eine lange Standarte über die Hügelkuppe in den Himmel, an der im Wind ein Banner wehte. Es war purpur mit einer goldenen fransigen Borte, und es zeigte auf silbernem Grund einen grünen dornigen Zweig mit drei roten Früchten daran. »Drei Hagebutten am Zweig«, murmelte Anders. »Sie ist wirklich höchstselbst gekommen.« Mit einem Schlag stoppte der Schrittdonner und das Dröhnen der Hörner und Wirbeln der Trommeln erstarb. Jetzt brüllte eine einzelne Stimme laute militärische Befehle, und die Jäger verschwanden mit den Hunden hinter dem Hügel. Nur die Standarte von Schloss Heckenrose war noch zu sehen.

Liva rüttelte Anders am Arm. »Was passiert da? Sag schon! Warum wächst da ein dürrer Baum mit Menschenstoff aus der Erde?«

»Die Baronin ist gekommen«, antwortete Anders. Es war ihm ein Rätsel, warum sie hier auftauchte. Was hatte er verbrochen, dass sie erst Jäger schickte und jetzt sogar höchstpersönlich mit Soldaten anrückte? Er war doch nur ein einfacher Küchenjunge …

»Die Baronin, die meint, dass ihr alles hier gehört?«

Anders nickte. »Das ist ihr Banner. Sie stellen es auf, damit jeder schon aus der Ferne weiß, wer hier ist.«

»Und wie viele Menschen haben den Donner gemacht?«, fragte Liva.

Anders senkte den Kopf. »Ich weiß es nicht.«

Liva kniff die Augen zusammen und sah ihn entschlossen an. »Dann müssen wir über das Gurgelwasser und uns alles ansehen.«

»Nein!« Anders schüttelte erschrocken den Kopf. »Das ist viel zu gefährlich.«

»Ottermist«, zischte Liva. »Wir schleichen ja nur auf den Hügel, um nachzusehen. Komm.« Schon war sie aufgesprungen und kletterte geschickt die Böschung hinab zum Gurgelwasser.

»Warte«, raunte Anders. Aber Liva war nicht aufzuhalten.

~ 13 ~

Lieber toter Grasmann

Anders suchte festen Tritt auf den rutschigen Steinen im kühlen Wasser. Liva war schon auf der anderen Seite und wartete im Schilf. »Vorsicht«, flüsterte sie kaum hörbar, als er aufschloss. »Nicht, dass du jemanden störst.«

»Hä?« Anders wusste nicht, was sie meinte.

»Na, die Quelljungfern«, raunte Liva und zeigte auf die Schilfhalme.

»Sind das auch Feen?«, fragte Anders.

Liva schüttelte den Kopf. »Mach deine Augen auf.«

Erst jetzt bemerkte Anders, dass an jedem fünften Halm ein länglicher, schillernder Körper hing. »Libellen!«, murmelte er überrascht. Sie genossen die Mittagssonne und hatten ihre langen Flügel angelegt.

Liva nahm ihn bei der Hand und schob sich behände durchs Schilf. Anders achtete ganz genau auf jeden Halm, an dem er sich vorbeidrückte. »Aber wir blicken nur über die Hügelkuppe«, flüsterte er, als sie das Schilf durchquert hatten.

»Mhm«, antwortete Liva, mehr nicht.

 84

Schon eilten die beiden den Hügel hinauf, vorbei am Jägerlager, wo die Glut noch glimmte. Liva verzog ihr Gesicht, als würde sie leiden. »Bah, riechst du das?«

»Was denn?«

»Mit jedem Schritt wird der Menschengeruch schärfer.« Sie schüttelte sich. »Viel schärfer als im Dorf.«

Anders schnupperte, konnte die Menschen aber nur hören. Klar und deutlich drangen jetzt Hämmern und ein vielkehliges Stimmenwirrwarr an sein Ohr. Was wohl hinter dem Hügel vor sich ging? Liva kroch nun auf dem Bauch weiter. Anders tat es ihr gleich, und als sie gemeinsam über die Hügelkuppe spähten, bot sich ihnen ein großes Durcheinander. Zwischen dem Hügel und Krautsaum waren vielleicht dreißig Mann. Anders war sich nicht ganz sicher. In dem Durcheinander fiel es ihm schwer, alle im Auge zu behalten. Sie stellten unzählige Stangen auf und warfen Zeltplanen darüber, die mit Schnüren an in den Boden geschlagene Haken gespannt wurden.

»Was machen die da?«, flüsterte Liva. »Warum bauen die ein neues Dorf neben dem alten? Und warum aus Stoff?«

»Das ist ein Lager«, antwortete Anders. »Sie stellen Zelte auf, damit sie einen Platz zum Schlafen haben.«

»Zel-te?«, wiederholte Liva langsam.

Am Rand des Lagers stand ein purpurfarbener Pavillon, dessen Borten viele goldene Fransen zierten. Gleich danebem steckte die Standarte mit dem Heckenrosenbanner in der Erde. Unter dem Pavillon thronte die Baronin auf ihrem dicken Pony und keifte Hauptmann von Schneid an, der heftig nickend ihren Befehlen lauschte.

»Ist das die Baronin?«, flüsterte Liva. »Die auf dem kleinen fetten Pferd?«

»Ja, aber das ist ein Pony, kein kleines Pferd.«

»Und wer ist der mit dem glänzenden Hut mit der roten Feder, der das honigfarbene Schneckenhaus umgehängt hat?«

»Hauptmann von Schneid«, antwortete Anders. »Und das Schneckenhaus ist ein Horn.«

»Ein Horn?«, fragte Liva überrascht. »Das ist beim besten Willen kein Horn. Wissen Menschen denn nicht, wie Hörner aussehen? Das ist eine riesige Honigschnecke.«

Anders musste grinsen. »Das ist ein Instrument und heißt nur *Horn*. Der Hauptmann bläst da rein und alle wissen, dass er was Wichtiges sagen wird, schau.«

Jetzt führte von Schneid das Horn an den Mund und zwei kräftig dröhnende Hornstöße erklangen. Daraufhin rief er Befehle wie »Besorgt Vorräte!«, »Richtet das Zelt der Herrin!«, »Versorgt das hochherrschaftliche Pony!«, »Putzt eure Stiefel« und allerlei anderes Zeug.

»Wer ist denn der, der in der Nase bohrt?«, raunte Liva. »Da, neben der Baronin.«

»Faulenz, ihr Sohn«, antwortete Anders. »Und das da ist sein Hund.« Er zeigte auf Graf Pelz, der nervös um das Pony sprang und jeden weiteren Hornstoß und jeden Befehl des Hauptmanns aufgeregt mit grellem Kläffen kommentierte. Anders konnte auch die beiden Jäger entdecken, die samt ihren Hunden geduldig unweit des Pavillons darauf warteten, dass Härtha von Heckenrose Lust hatte, sie zu empfangen. Auf der anderen Seite des Lagers, zum Dorf hin, versammelten sich die Krautsaumer und folgten dem Treiben.

Jetzt hatten die Soldaten unter dem Pavillon einen Tisch aufgebaut und ein paar Stühle dazugestellt. Hauptmann von Schneid half der Baronin aus dem Sattel und das Pony wurde weggeführt. Dann nahmen die Baronin, ihr Sohn und der Hauptmann rund um den Tisch Platz. Sofort wurden von einem Diener Wein und der silberne Pokal mit den gebrannten Mandeln gebracht. Gierig griff Härtha von Heckenrose nach den Mandeln und knabberte ein paar. Dann winkte sie die Jäger heran, die sich mit einer tiefen Verbeugung langsam näherten. Graf Pelz, der aufrecht auf dem Schoß seines Herrchens saß, beobachtete alles ganz genau.

»Wenn wir doch nur hören könnten, was da unten gesprochen wird«, murmelte Anders.

Liva packte ihn am Oberarm. »Schau, die Dorf-Menschen helfen.«

Anders folgte ihrem Blick. Einige Dorfbewohner packten jetzt mit an und spannten Zelte ab oder trugen Säcke von einer zur anderen Stelle. »Ja, schon, aber mich interessiert, was die Baronin mit den Jägern bespricht.«

»Wir machen das auch wie die vom Dorf«, begann Liva langsam. »Dann kannst du vielleicht besser hören.«

»Wie meinst du das?«

»Wir schleichen dort hinunter und tun so, als wären wir Dorf-Menschen.«

»Nein«, protestierte Anders. »Wir haben gesagt, dass wir nur hier über den Hügel spähen. Mehr nicht.«

»Aber du willst doch hören, was die Baronin sagt. Das geht nur da unten.« Liva blickte ihn auffordernd an. »Und wenn wir

uns die Stoffe vom toten Grasmann anziehen, erkennen die uns nicht.«

»Die Stoffe von wem?«

»Vom toten Grasmann.« Liva zeigte nach Süden, wo ein paar Felder lagen, auf denen das Korn hochstand. Mitten aus den Ähren ragte eine Vogelscheuche auf, die einen großen Hut trug. »Wir laufen gegen den Wind durch das Hartgras, nehmen die Stoffe vom toten Grasmann und schleichen weiter bis zu den Häusern. Da sieht und riecht uns niemand.«

Anders folgte ihrem Fingerzeig. »Meinst du, dass wir das schaffen?«

»Die achten doch gar nicht auf das Hartgras. Außerdem schauen alle zu den Zelten. Das ist ganz einfach, ehrlich.«

Anders spürte ein Kribbeln im Magen. Er atmete tief durch und nickte.

»Gut«, sagte Liva grinsend. Ihre Augen blitzten. Sie kroch ein Stück zurück, den Hügel hinab. Anders schickte sich an, ihr zu folgen. Dann liefen sie geduckt und in weitem Bogen auf die Kornfelder zu, deren Ähren Anders fast bis zum Kopf reichten. Sie tauchten dazwischen und schoben sich Richtung Dorf. »Keine Angst«, flüsterte Liva. »Der Grasmann sieht zwar wie ein großer Mensch aus, ist aber keiner. Er bewegt sich nicht und steht wirklich immer nur da, wenn die Sonne wacht, wenn sie schläft, wenn alles neu wird, wenn es heiß ist und wenn die Bäume bunt werden, sogar wenn der Schnee fällt. Der ist nämlich nur aus totem Gras und Holz.« Sie musste kichern.

»Äh, selbstverständlich«, sagte Anders.

»Erst dachte ich, dass der sich auch mal bewegt. Aber dann habe ich gesehen, dass die Krähen auf seinen Armen landen. Da habe ich mich zu ihm getraut und gemerkt, dass er gar nicht lebt. Und trotzdem haben ihm die Menschen Stoffe angezogen. Komm, wir sind gleich da.« Liva lief jetzt schneller, und wenige Schritte später standen die beiden vor der Vogelscheuche, deren Mantel, Hose und Hut schon ganz verschlissen waren. Um den Strohhals hing ein alter Schal.

»Meinst du nicht, dass die im Dorf sich wundern, wenn wir in den abgerissenen Klei … äh, Stoffen ihres Grasmanns auftauchen?«

»Nein, wieso? Die Menschen tragen doch ganz gleiche Stoffe.«

»Ja, aber die hier sind ziemlich alt und kaputt«, antwortete Anders.

Liva sah an ihm hinab. »Die sind wie deine.«

»Was?« Anders zupfte verlegen sein zerschlissenes Hemd zurecht. »Na gut, wenn du meinst. Also los.«

»Lieber toter Grasmann«, begann Liva zögerlich und wandte sich direkt an die Vogelscheuche, »dürfen wir deine Stoffe leihen, also kurz leihen?«

Aber Anders riss der Vogelscheuche schon den Mantel herunter und hielt ihn ihr hin. »Den nimmst lieber du. Der überdeckt deine Waldkleidung. Schlüpf hinein.«

Liva sah ihn erst fragend an, doch dann streifte sie sich den Mantel über, der fast bis auf den Boden hing.

»Genau. Und jetzt«, Anders sprang hoch und zog den Hut von der Vogelscheuche, »setzt du dir den auf. Es ist besser, wenn im Zeltlager niemand deine gelben Augen sehen kann.«

»Warum?«, fragte Liva.

»Menschen haben keine gelben Augen«, antwortete er und setzte ihr den Hut auf.

»Und du?«

»Ich habe schon Menschenkleidung und die ist so gewöhnlich, dass niemand genau hinsehen wird. Und damit«, er legte sich den löchrigen Schal der Vogelscheuche um, »kann ich mein Gesicht verbergen.«

»Gut, und jetzt zu den Menschen«, antwortete Liva.

Wenig später hatten sie den Rand des Feldes erreicht und standen vor einem kleinen eingezäunten Kräutergarten, der sich an die Rückseite eines Hauses schmiegte. Sie huschten am Garten vorbei, die Hauswand entlang und fanden sich wenige Augenblicke später am Rande des Dorfplatzes wieder, in dessen Mitte ein Brunnen stand. Zum Platz hin lagen die meisten Hauseingänge. Zum Glück waren die Krautsaumer alle beim Zeltlager. Das Dorf war wie ausgestorben. Nur ein paar Hühner gackerten entrüstet über die zwei Störenfriede, die um die Hausecke schlichen.

»Schau!«, raunte Liva. »Die brauche ich auch, oder?« Sie zeigte auf ein Paar Holzpantoffeln, das vor einem Hauseingang auf den Stufen stand.

Anders blickte auf Livas nackte dreckige Füße. »Kann nicht schaden.«

Im Handumdrehen hatte Liva die Pantoffeln an den Füßen. »Das ist aber eng und hart«, stöhnte sie und machte ein paar ungelenke Schritte. Ihre Füße hatten wohl noch nie in Schuhen gesteckt. Aber Anders konnte es ihr nicht verdenken. Barfuß würde er sich sicher auch unwohl fühlen.

Langsam näherten sich die beiden dem Zeltlager. Mit jedem

Schritt nahm der Lärm zu. Plötzlich griff Liva nach Anders' Hand und drückte sie ganz fest.

»Was hast du?«

»Ich«, flüsterte sie. »Ich dachte, das ist ganz einfach. Aber jetzt, wo wir so nah sind und der Lärm so laut ist – « Sie sprach nicht weiter.

Anders merkte, dass sie zitterte. Liva suchte seinen Beistand, zum ersten Mal. »Das schaffen wir schon«, raunte er und atmete tief durch. Ihm war das Ganze auch unheimlich, aber er versuchte, gefasst zu wirken, für Liva.

Bald hatten sie die Krautsaumer erreicht, die nicht halfen und nur gebannt dem Treiben folgten. Innerlich spürte Anders den Drang, auf der Stelle umzudrehen und das Weite zu suchen. Da vorne wartete die Person, die ihn aus unerklärlichen Gründen unbedingt tot sehen wollte, und sie hatte eine Kompanie Soldaten um sich. Und doch musste er herausbekommen, was die Baronin vorhatte. Zumindest das war er Liva und Bärenmutter schuldig.

»Das bedeutet nichts Gutes«, hörte Anders eine alte Frau murren, als sie sich zwischen die Krautsaumer schoben. »Dafür wird uns Bärenmutter bestrafen.«

Ein paar der Dorfkinder rissen ihre Blicke vom Zeltlager und sahen die Frau mit großen Augen an.

»Vielleicht machen sie diesem Waldgeist auch den Garaus, wenn sie schon einmal hier sind«, sagte ein junger Bauer ruhig und paffte seine Pfeife. »Wäre nicht das Schlechteste.«

»Red nicht so, Reiser«, knurrte der Alte, in dessen Schuppen Anders hatte ausruhen dürfen. Doch obwohl er lässig an einem Zaun lehnte, verriet sein hageres faltiges Gesicht, dass er sich Sor-

gen machte. »Hilga hat recht. Wir tun gut daran, mit Bärenmutter in Frieden zu leben. Es ging uns nie schlecht. Wer weiß, was dieser Aufmarsch hier mit sich bringt?«

»Sicher nichts Gutes, Johan«, entgegnete Hilga.

»Aber es ging uns auch nie gut«, sagte Reiser und blies den Pfeifenrauch in die Luft.

Die Kinderblicke wanderten von Johan wieder zu Reiser.

»Wenn Bärenmutter dahin ist, können wir endlich jagen oder Feuerholz schlagen.«

Liva musste bei Reisers Worten husten. Und da bemerkte Hilga sie und Anders. »Ja so was!«, krächzte die Alte. »Kaum kommt die Kompanie, folgt das Gesindel.«

Johan, Reiser und die Kinder, nahezu alle umstehenden Krautsaumer blickten mit einem Mal auf die beiden.

»Verzieht euch«, schnauzte Hilga. »Hier gibt es nichts zu betteln.«

»Nichtsnutzige Landstreicher«, schimpfte Johan halblaut. »Trollt euch!«

»Genau«, murrte Reiser.

Und die Kinder starrten sie mit offenen Mündern an.

Anders und Liva hielten die Köpfe gesenkt. Sie beschleunigten ihre Schritte, um so schnell wie möglich die Krautsaumer hinter sich zu lassen. Liva drückte Anders' Hand jetzt noch fester. »Keine Angst«, flüsterte er und hoffte, dass sie seine Furcht nicht merkte.

Kurz darauf fanden sie sich im Lager der Soldaten wieder. Die meisten der grün-rot gestreiften runden Zelte, deren Mitte spitz in die Höhe ragte, standen schon. Trotzdem gab es noch viel zu tun. Die Soldaten luden Feldbetten und allerlei anderen Kram von einem Wagen, während der Kutscher seine Ochsen ruhig hielt.

»Das ist sicher ein Dutzend Zelte«, murmelte Anders.

»Ein was?«

»Ähm, ein Dutzend, also zwölf. Ich meine, zwölf Zelte.«

»Wie viel ist zwölf?«, flüsterte Liva.

»Mehr als alle deine Finger. Nämlich zwei Finger mehr.«

»Ah!« Liva schien zu begreifen.

Da trat ihnen plötzlich ein kleiner, dicker Soldat in den Weg. Sein Gesicht wurde von einem struppigen schwarzen Bart eingerahmt und ein Helm hing tief in seiner Stirn. »Weitere helfende Hände, wunderbar. Wollt euch wohl ein Abendmahl verdienen? Na, dann lauft mal zum Küchenzelt. Dort gibt's genug zu tun.«

»Küchenzelt?«, stotterte Anders und schluckte.

Liva stand starr neben ihm, so starr, dass sie dem toten Grasmann alle Ehre gemacht hätte.

»Richtig. Zwiebeln schälen und so«, bestätigte der Soldat und zeigte quer über das Lager. »Dahinten. Wir wollen schließlich alle heute noch was Warmes zwischen die Zähne.«

Anders nickte und zog Liva weiter. *Ob wohl Meister Forke hier ist?*, schoss es ihm durch den Kopf. Vorsichtshalber versteckte er Mund und Nase hinter dem Vogelscheuchenschal.

~ 14 ~

Zwiebeln

Die vielen Stimmen, das Klappern, Scheppern und Hämmern betäubten Livas Ohren. Und es roch fürchterlich scharf und sauer zu gleich. Liva versuchte, flach zu atmen. Noch nie hatte sie so viele Menschen an einem Ort gesehen. Ihr Mut, der sie sonst auf ihren Besuchen in Krautsaum begleitet hatte, war wie fortgeblasen. Das hier war etwas ganz anderes. Sie spürte den Drang, sich verstecken zu wollen. Aber Anders' Hand beruhigte sie ein wenig. Sein Griff war fest und er wirkte ruhig. Anders kannte das alles. Er wusste sicher, was zu tun war.

Bei einem Zelt standen vier Soldatenmenschen wie krumme Bäume in einer Reihe. Sie hielten etwas Rundes in der Hand, das wie ein Stück eines Baumstammes aussah, hohl und unten geschlossen, mit einem Riemen aus Leder. Die Menschen nannten das Runde *Eimer* und nahmen darin Wasser mit. Das hatte Liva einmal in Krautsaum gesehen und wollte schon immer einen Eimer leihen, weil der so praktisch war. Vor den krummen Soldatenmenschen stand ein großer, hagerer Mensch und schnauzte sie wie ein wütendes Frettchen an: »Holt Wasser und füllt die Fässer!«

Liva wusste, dass man sich wütenden Frettchen besser nicht näherte und auf ihre Warnung hörte. Umso mehr war sie froh, dass Anders sie weiterzog. Schon fiel ihr Blick auf andere Menschen, die etwas aus einer Plane wickelten: Bögen. Liva sog scharf die Luft ein. Anders schien das bemerkt zu haben. »Alles gut«, raunte er. »Nur nicht auffallen, schnell weiter.«

Plötzlich senkte er den Kopf, und Liva wusste augenblicklich, warum. Auch sie entdeckte die beiden Jäger, die mit prüfendem Blick den anderen bei der Arbeit zusahen.

»Wir haben sie gesehen«, brummte jetzt der bärtige Jäger, ohne von Liva oder Anders Notiz zu nehmen. »Wirklich riesig, mit gelben blitzenden Augen und messerscharfen Krallen. Sind gerade mal so mit dem Leben davongekommen.«

Anders wurde langsamer. Die Soldaten hielten in ihrer Arbeit inne und folgten staunend der Schilderung der Jäger.

»Und sie wird von einem Wildschwein begleitet«, schilderte der Jäger mit dem braunen Wams. »Das ist sicher zweimal so groß wie unsere Hunde und hat«, er machte eine kurze Pause und pfiff durch die Zähne, »vier blutige Hauer, spitz wie Dolche.«

Die Soldaten starrten den Jäger stumm an. Nur einer schüttelte den Kopf. »Es gibt keine gefährlichen Feen mehr«, sagte der. »Erzählt eure Schauergeschichten den Krautsaumern. Die kaufen euch das vielleicht ab.«

»Wenn ich's euch sage«, entgegnete der mit dem braunen Wams. »Wir haben sie gesehen. Bärenmutter und das Schwein.«

»Die B-B-Bauern haben auch schon von ihr g-g-gesprochen«, stammelte ein anderer Soldat. Liva spürte die Furcht, die in seiner Stimme mitschwang.

Da sprang einer der Jagdhunde auf, hielt knurrend seine Schnauze in die Luft und schnüffelte. Anders' Griff wurde wieder fester. Er beschleunigte seinen Schritt und zog Liva weiter. Zum Glück überlagerte der sauer-scharfe Menschengeruch alles, sonst hätten die Hunde Anders ohne Zweifel gewittert. Aber dank des Gestanks tappten ihre Nasen im Dunkeln, und die Jäger waren mit den Soldatenmenschen beschäftigt.

Bald darauf erreichten Anders und Liva ein Zelt, das größer als die anderen und viereckig war. Anders hielt schließlich vor einem Jungen, der am Zelteingang ganz schnell einen dünnen Stab zwischen seinen Händen zwirbelte. Liva sah fasziniert zu. Für einen Augenblick vergaß sie ihre Unruhe und ließ Anders' Hand los. Der Junge drückte den Stab auf ein Stück Rinde, in dem Wolle lag. Als die Wolle plötzlich Feuer fing und ein dünner Rauchfaden aufstieg, quiekte Liva kurz vor Überraschung. Neben dem Jungen stellte ein anderer drei Stangen zusammen, so, dass sie sich oben trafen, unten aber weit voneinander entfernt waren. Dazwischen hängte er einen großen Topf über eine Grube mit Holzstücken und Reisig.

»Hinz und Kunz«, murmelte Anders leise. »Mit denen habe ich auf Heckenrose gearbeitet.« Schnell zog er den Schal des Grasmannes ein wenig weiter über die Nase und räusperte sich. Dann sagte er mit einer seltsam heiseren Stimme: »Wir sollen uns hier melden, zum Helfen.«

Derjenige, der mit dem Topf und den Stangen beschäftigt war, zeigte auf den Zelteingang, ohne Anders und Liva auch nur anzusehen. Dort war die Plane nach außen geschlagen und zur Seite gespannt. Heraus klangen Klapper- und Klimpergeräusche, wie Liva sie noch nie gehört hatte.

»Danke«, entgegnete Anders heiser und stapfte auf den Zelt-eingang zu.

Durch Liva ging ein Ruck. Sie riss sich vom Feuer los und blieb dicht bei ihm.

Das Küchenzelt war durch viele von der Zeltdecke hängende Lichter erleuchtet. In der Mitte lag ein langes breites Brett auf ge-stapelten Holzblöcken. Liva wusste, dass die Menschen diese Blö-cke *Kisten* nannten und darin Sachen verstauten. Alles zusammen sollte wohl ein Tisch sein, wie der Steintisch in ihrer und Milvas Wohnhöhle. Rund herum türmten sich große und kleine, run-de und eckige Menschensachen. Davon gab es hier so viel, dass das Küchenzelt aus allen Nähten zu platzen schien. Auf der Zelt-rückseite war die Plane ebenfalls aufgeschlagen. Zwei weitere Kü-chenjungen standen am Tisch und hielten blitz-blinkende spitze Werkzeuge in der Hand. Damit machten sie Karotten und Sel-lerieknollen klein, indem sie die Blitz-blinke-Dinger schnell auf und ab bewegten. Am Ende des Brettertisches stand ein Berg, ein Mensch, der so groß und breit war, dass Liva sich fragte, ob er laufen konnte. Seine Augen waren ganz klein und schmal, seine Backen dafür umso fetter.

»Meister Forke«, flüsterte Anders und schob sich ein wenig vor Liva.

Während die beiden Jungen schwiegen, schimpfte der fette Forke-Mensch unablässig wie ein aufgebrachter Biber, dem ein Wasserschwall sein Tagwerk zerstört hatte. »Wer hat hier die Mes-ser geschärft? Habe ich euch nicht gesagt, dass die Klingen scharf sein müssen? Und nun? Ich komme kaum durch das elende Ge-müse. Ihr Holzköpfe! Messerschärfen. Das ist doch kein Hexenwerk. Das ist … es ist zum Haareraufen. Jetzt muss ich selbst Gemüse schneiden. Ich! Als würden vier Küchenjungen reichen. Was weiß denn schon der feine Herr Hofmarschall? Ich bin der Meister der Töpfe. Ich plane und bereite das Essen. Wenn einer weiß, wie viele Hände nötig sind, um ein Mahl zuzubereiten, dann ja wohl ich, oder nicht, ihr Taugenichtse? Ach, was heißt schon Mahl. Ich habe einst Schweineohren in feinstem Preiselbeergelee zubereitet, mit Esskastanien gefüllten Schwan, Zuckerschaumtropfen mit Rotweinperlen, und nun?« Wütend schmiss er sein Blitz-blinke-Ding auf den Brettertisch, stemmte die Fäuste in die Seiten und schüttelte traurig den Kopf. »Nun mache ich Eintopf.« Das letzte Wort zog er weinerlich in die Länge. »Für Soldaten. Das ist mein Ende.«

»Meister?«, sagte einer der Küchenjungen und zeigte auf den Zelteingang.

»Was?«, schnauzte Forke und blickte zu Anders und Liva.

Liva zuckte zusammen und griff Anders' Arm.

»Wir sollen Zwiebeln schälen«, sagte Anders mit heiserer Stimme.

Der Küchenmeister starrte ihn mit offenem Mund an, fasste sich aber im nächsten Augenblick. »Aha. Umso besser. Mehr Hände schaffen mehr. Schnappt euch je ein Messer und einen Eimer. Die Zwiebeln findet ihr hinterm Zelt. Schälen und vierteln. Verstanden?«

Anders nickte und trat entschlossen in das Zelt. Liva folgte ihm. Schnell hatte er einen Eimer gepackt. Dann schob er sie weiter und drückte ihr so ein Blitz-blinke-Ding in die Hand. Es war kleiner als das von Meister Forke. Anders nahm auch eines.

»Nun aber hurtig«, trieb Forke sie an. »Wenn ihr schnell seid, könnt ihr jeder eine Schale Eintopf haben.«

Liva stand ganz steif neben Anders. Das Blitz-blinke-Ding hielt sie auf Brusthöhe und sah Anders an, der ihr mit einem Kopfnicken bedeutete, ihm zu folgen. Kurz darauf fand sie sich hinter dem Zelt und vor großen Säcken mit unzähligen faustgroßen goldbraunen Kugeln wieder, deren säuerlich-scharfer Geruch Liva in der Nase kitzelte. Aber sie war froh, hier und nicht mehr bei den vielen Menschen zu sein. Die Kugeln rochen besser. Sie spürte, wie die Anspannung ihrer Neugier wich. »Und jetzt?«

Anders spähte um die Ecke des Küchenzeltes. Die Standarte ragte nicht weit entfernt hoch über die Zeltdächer. Schlaff hing an ihr die Fahne von Schloss Heckenrose. Kein Lüftchen ging, das sie hätte tanzen lassen können. »Sie ist ganz in der Nähe«, raunte er, wurde aber jäh von Forkes donnerndem Ruf unterbrochen.

»He! Ihr sollt Zwiebeln schälen.«

Anders fuhr herum. Schon stand der Küchenmeister bei Liva. Erschrocken sprang sie zur Seite.

»Auf, auf, hier wird nicht faul in die Ferne geglotzt.« Forke griff sich eine goldbraune Kugel, hielt sie in die Höhe und sagte: »Zwiebel, Schale ab, vierteln.« Er trennte mit dem Blitz-blinke-Ding zwei Enden ab und zog dann die goldbraune Hülle herunter. Die jetzt weiße Zwiebel halbierte er und schnitt die Hälften noch einmal in zwei gleichgroße Teile. Das ging so schnell, dass Liva kaum folgen konnte und den flinken Bewegungen des Küchenmeisters nur staunend zusah. Der warf die Zwiebelstücke in den Eimer. »Und jetzt ihr. Los!« Er kippte einen der Säcke um, sodass die Zwiebeln herauskullerten.

Anders nickte und setzte sich im Schneidersitz mitten in den Zwiebelhaufen. Wortlos griff er eine Zwiebel, zog zu Livas Überraschung die Hülle nicht weniger flink ab als Forke und schnitt sie in vier gleich große Teile.

»Wunderbar«, schnauzte der Küchenmeister. »Ein Naturtalent. Nur weiter so und nicht faulenzen. Ich schaue später wieder nach euch.« Er stapfte zurück ins Zelt.

Liva nahm den breitkrempigen Grasmannhut ab und setzte sich zu Anders. Fasziniert beobachtete sie, wie er die nächste Zwiebel nahm, mit dem Blitz-blinke-Ding die Hülle abzog und sie teilte. »Wie machst du das?«, fragte sie und griff sich ebenfalls eine Zwiebel.

»Vorsichtig«, raunte Anders. »Die Messer sind scharf wie ein Stein, an dem man sich die Haut aufreißen kann.«

»Du meinst das Blitz-blinke-Ding? Verstanden.« Liva nickte. »Und dann?«

»Nimmst du die Zwiebel, trennst Ende und Trieb ab, schälst sie –«

»Was mache ich?« Das hatte sie noch nie gehört.

»Schälen«, wiederholte Anders. »Du ziehst mit dem Messer die Hülle oder Haut ab. Dann schneidest du sie in vier gleich große Stücke.«

»Aha. Und warum machen Menschen das?«

»Na, die Zwiebeln werden gekocht und da muss vorher die Schale ab und eben alles, was nicht gegessen wird.«

»Gekocht?«

»Ähm, na, in heißes Wasser geworfen, damit sie weich werden«, erklärte Anders.

»Richtig«, murmelte Liva. »Menschen können ja nichts mit den

Zähnen zermalmen.« Sie setzte das Messer an ihre Zwiebel, um die Enden abzuschneiden. Aber das war viel schwerer, als es bei Forke oder Anders aussah. »Hm.« Sie konzentrierte sich, rutschte aber an der glatten Schale ab. Das Messer entglitt ihr und biss sie in den Finger. »Au!« Sie schüttelte ihre Hand.

»Siehst du«, mahnte Anders. »Scharf. Aber nicht schlimm. Das hört gleich auf zu bluten.«

Was dachte sich Anders? Liva blickte ihn grimmig an. »Das Blut macht nichts. Aber das Blitz-Messer beißt.« Sie musste schniefen. Irgendwie brannte es in ihren Augen.

Anders grinste. »Das ist der Zwiebelsaft. Daran gewöhnst du dich.«

Nach ein paar Versuchen hatte Liva den Dreh raus und schälte begeistert ihre erste Zwiebel. »Schau! Ist das so richtig?« Mit Tränen in den Augen hielt sie Anders vier Zwiebelstücke hin.

Anders nickte. »Ja, äh, das geht schon. Nicht gleich groß, aber das macht nichts. Ich bin schon froh, wenn du dir nicht noch einmal in den Finger schneidest.«

»Das war ich nicht. Das war das Messer.«

Anders lächelte. Er drehte sich um und spähte in das Küchenzelt.

Liva war glücklich, dass sie ihre erste Zwiebel richtig geschält und für Menschenzähne geschnitten hatte. Die Stücke warf sie in den Eimer. Dann wischte sie sich die Tränen aus den Augen und griff zur nächsten Zwiebel. »Das macht Spaß. Machen das alle Menschen?«

Anders schüttelte den Kopf. »Nicht alle. Die Baronin und ihr Sohn ganz gewiss nicht.« Er drehte sich ein weiteres Mal um und spähte ins Küchenzelt.

»Das sollten sie aber. Mir macht es Spaß.«

»Hmhm.« Anders schälte schon seine neunte Zwiebel und warf die Stücke in den Eimer, als er sich schon wieder umsah und plötzlich flüsterte: »Bleib hier und mach weiter.«

Liva sah ihn überrascht an. »Und du?«

»Ich schleiche zum Pavillon. Ich will in Erfahrung bringen, was die Baronin vorhat.«

»Aber doch nicht ohne mich. Ich will mitkommen zum Pavijung.«

Anders blickte noch einmal ins Küchenzelt. »Aber du musst hierbleiben und weitermachen. Was glaubst du, wie der Küchenmeister schaut, wenn wir weg sind?«

»Aber du bist doch dann weg.«

»Sag ihm einfach, ich müsste mal … austreten.«

Liva runzelte die Stirn. Schon wieder dieses *Austreten*. »Warum solltest du austreten, wenn du nicht da bist. Und was willst du überhaupt treten?«

»Ach nein. Ich meine doch, dass ich mich mal erleichtern muss. Das sollst du ihm sagen.«

Liva zog die Nase kraus. Was auch immer Anders meinte, sie wollte ihn nicht alleine gehen lassen. Aber er kannte sich bei den Menschen besser aus. Sie kannte den Wald und er das Menschenzeltlager. Er hatte sicher recht und wusste, was zu tun war. »Ist gut«, antwortete sie und griff zur nächsten Zwiebel. »Dann mach ich weiter und sage, dass du erleichtert austrittst.«

Anders nickte und legte das Messer weg. Nach einem letzten Blick ins Küchenzelt sprang er auf und drückte sich um die Ecke des Zeltes. Liva blieb allein zurück in einem Berg aus Zwiebeln.

~ 15 ~

Ein Eimer voll
Ponymist

Mittlerweile standen die Zelte, trotzdem herrschte noch immer reges Treiben. An jeder Ecke klirrte und klapperte, schepperte und rumpelte es, während durcheinandergemurmelt, -geschnattert und -gerufen wurde. Feldbetten, Klapptische, Truhen zum Verstauen der Habseligkeiten und allerlei anderer Kram wurden herumgeschleppt und aufgestellt. Anders musste vorsichtig sein. Mit schnellen Schritten lief er am Küchenzelt vorbei in Richtung Standarte, sprang über ein paar Abspannschnüre und ging hinter dem nächsten Zelt in Deckung. Von hier konnte er den Pavillon sehen, unter dem sich die Baronin mit ihrem Sohn besprach. Nur, wie sollte er sich den beiden nähern, ohne aufzufallen? Fieberhaft überlegte er. Da drohten zwei Soldaten um die Ecke zu biegen. Anders musste sich schleunigst verstecken. Er sprang auf, übersah aber eine Zeltschnur, verhedderte sich, strauchelte und stürzte bäuchlings auf den Boden, den Soldaten direkt vor die Füße.

»So ein Dorftrottel«, lachte einer der beiden.

Anders rutschte das Herz in die Hose.

»Komm schon, steh auf!«, befahl der andere barsch. »Jemand muss den Ponymist beim Pavillon wegräumen. Und das sind sicher nicht wir. Du kommst also wie gerufen.«

Anders hob den Kopf. Der Schal war ihm vom Gesicht gerutscht. Einer der Soldaten hielt ihm einen Eimer und eine Schaufel entgegen. Schnell rappelte er sich auf und zupfte verlegen seine Kleidung zurecht.

»Wird's bald?« Der zweite Soldat sah ihn auffordernd an.

Anders verbeugte sich und erwiderte heiser: »Ja, natürlich.« Eilig griff er nach Eimer und Schaufel.

»Recht so«, sagte der erste Soldat. »Nun auf!« Er trat beiseite und machte den Weg zum Pavillon frei.

Anders verbeugte sich noch einmal und lief los. Schnell zog er den Schal wieder über Mund und Nase. Er musste grinsen über sein Glück.

Vor dem Pavillon lag wirklich ein Haufen Ponymist. Und dahinter saß Baronin Härtha von Heckenrose, als würden die Ponyäpfel sie einrahmen. Sie war nicht sehr groß und wirkte etwas verloren auf dem dunklen hölzernen Thron, der für sie an den Tisch in der Mitte des Pavillons gestellt worden war. Wie bei jedem Ausritt trug sie ihren hohen purpurnen Glockenhut, der schon fast wie ein rundlicher Zylinder wirkte. Im Hutband steckte ein dorniger Heckenrosenzweig. Sie schien unzufrieden. Ihre grünen Augen sprangen hektisch hin und her und versuchten, alles im Zeltlager zu kontrollieren, während ihr schmaler Mund energisch geröstete Mandeln zu Brei zermalmte. Anders schlug das Herz bis zum Hals. *Wenn die wüsste*, dachte er, *dass der Junge, den sie sucht, kaum mehr als fünf Schritte vor ihr im Ponymist steht.* Zittrig ging er auf die Knie und schaufelte ganz langsam die Ponyäpfel in den Eimer. Den Kopf hielt er lieber gesenkt und wagte nur kurze Blicke. Sie durfte ihn unter keinen Umständen erkennen.

Faulenz hing in einem ganz normalen Stuhl. Seinen braunen Zylinder hatte er achtlos auf den Tisch gelegt und kraulte mit halb geschlossenen Augen seinem Schmetterlingsspaniel das Fell. Graf Pelz saß aufrecht auf dem Schoß seines Herrchens und verfolgte jede Bewegung im Lager. »Määääärchen«, gähnte Faulenz lang gezogen, »Schauergeschichten für Kinder. Ein Bär und ein Wildschwein, tststs.« Er schüttelte sein müdes Haupt. »An Waldgeister glaube ich nicht.«

Graf Pelz kläffte zur Bekräftigung.

»Das solltest du aber«, antwortete die Baronin ruhig. »Auch wenn ich wünschte, dass Feen und Geister ausgerottet und wir endlich frei von ihnen wären – es gibt sie.« Einen Moment lang sah sie ihren Sohn finster an.

Faulenz behagte der Blick seiner Mutter gar nicht und das konnte ihm Anders kaum verdenken. »Du meinst, diese fürchterliche Bärenmutter hat den armen Anders wirklich gefressen?«, raunte er.

»Ich bin mir sicher, dass in diesem finsteren Dickicht Waldgeister hausen«, entgegnete Härtha. »Und sollten sie den Küchenjungen gefressen haben, wäre das unser Glück. Aber daran glaube ich nicht. Sie helfen ihm.«

»Helfen?« Faulenz starrte seine Mutter an. »Du glaubst also den Jägern, dass er noch da drin ist?«

Die Baronin nickte und schob sich eine Mandel in den Mund.

»Aber was, wenn er den Wald einfach an anderer Stelle verlassen hat. Das kann doch nicht so schwer sein.«

Härtha schüttelte den Kopf. »Wenn es diese Bärenmutter gibt, dann ist er noch da drin. Und dann haben wir ein viel größeres Problem. Aber du hast recht. Ich schicke trotzdem die Jäger mit einer Handvoll Soldaten los. Sie sollen den Wald umrunden und nach Spuren suchen.«

»Aber der ist doch riesig«, entgegnete Faulenz.

»Sicher ist sicher.« Härtha stellte den Mandelpokal auf den Tisch und stand auf. Mit einer schnellen Handbewegung putzte sie sich die Krümel von ihrem purpurnen Mantel, zog diesen straff und stellte den hohen Kragen auf. »Er ist noch da drin«, hob sie auf einmal so schrill an, dass Graf Pelz erschrak und kläffend vom Schoß seines Herrchens sprang. »Da bin ich mir sicher, und wir dürfen den Küchenjungen nicht entkommen lassen.«

Der Schmetterlingsspaniel tänzelte nervös auf der Stelle und starrte die Baronin an, während Faulenz sich auf seinem Stuhl aufrichtete. »Warum nicht, Mutter? Warum willst du den armen Anders eigentlich fangen? Er war mir immer ein guter Spielgefährte. Und warum müssen wir gleich mit einer ganzen Kompanie anrücken?« Jetzt klang seine Stimme immer entnervter. »Und warum muss ich überhaupt hier sein?« Er zog seine grünen Hosenbeine zurecht. »Ich will heim.«

Seine Mutter sah ihn wieder finster an. »Weil du der nächste Baron bist und nicht er.«

Anders hielt inne. Was hatte sie da gesagt?

»Er?«, fragte Faulenz erschrocken. »Er ist ein Küchenjunge, wie sollte er Baron werden?«

Graf Pelz japste und kläffte, als würde er die Frage seines Herrchens wiederholen wollen.

»Weil es eine Prophezeiung gibt, mein Sohn.« Härthas schrille Stimme überschlug sich. »Und wenn diese Bärenmutter – «

»Was für eine Prophezeiung?« Faulenz stand auf.

»Schillack behauptet, in den Sternen zu lesen, dass der nächste Baron von Heckenrose einer sei, der so viel Mensch wie dreckige Fee ist.« Sie spuckte voller Verachtung aus. »Und diesem soll es gelingen, das Edle mit dem Minderwertigen zu versöhnen.«

Anders stieß vor Schreck gegen den Eimer. Wollte sie ihn deshalb tot sehen? Meinte sie, dass er der nächste Baron von Heckenrose würde? Er wagte einen kurzen Blick. Die Baronin war aufgebracht und schien den Tränen nahe.

»Und deswegen weiß ich, dass er noch im Wald ist. Dieser Bärenmutterwaldgeist will ihn sich zunutze machen«, sagte sie und stampfte mit ihrem Absatz auf.

Faulenz ließ schlaff die Arme hängen und sah seine Mutter verständnislos an. »Aber das ist doch nichts Schlimmes. Dann sind die Feen eben ein bisschen wie wir.«

Härtha von Heckenrose musste husten. Sie warf ihrem Sohn einen grimmigen Blick zu. »Wer putzt die Küchen, wer schaufelt die Kohlen, wer macht die Drecksarbeit?« Mit einer schnellen Handbewegung zeigte sie auf Anders, der augenblicklich erstarrte. Aber sie fuhr fort. »Wenn die Feen plötzlich gleichwertig sind, machen das dann Menschen? Machst du es?«

»Ich?«, entgegnete Faulenz entrüstet.

Sie ging auf ihren Sohn zu. Faulenz schluckte und duckte sich vor seiner Mutter weg. »Falls du es noch nicht verstanden hast«,

sagte sie mit kalter Stimme. »Sollten die Sterne recht behalten, wirst du nicht Baron, denn du hast gänzlich edles Menschenblut. Baron wird dann ein minderwertiger Mischling.«

Faulenz fiel auf den Stuhl zurück und starrte seine Mutter an. Jetzt schien auch bei ihm der Groschen zu fallen. »Du meinst, dass Anders statt mir Baron wird?«

»Dein Vater hatte immer etwas für Feen übrig«, antwortete sie mit zitternder Stimme. »Und sie machten ihm ständig schöne Augen. Der Küchenjunge ist dein älterer Halbbruder, der Sohn deines Vaters.«

Anders blieb die Luft weg. Er starrte in den Eimer voller Dung.

»Aber das werde ich verhindern, so wahr ich die Baronin von Heckenrose bin.« Härtha stemmte ihre Fäuste in die Seiten.

»Er … ist … mein … Bruder?«, stammelte Faulenz ungläubig. »Warum hast du mir das – «

Aber seine Mutter schnitt ihm das Wort ab. »Sobald von Schneid und seine Männer bereit sind, schickst du die Kompanie hinein und zerrst den Küchenjungen aus dem Feendickicht.«

Faulenz schluckte. »I-i-ich?«, fragte er langsam und zeigte auf seine Brust. »Er ist doch mein Bruder.«

»Papperlapapp! Er ist ein Thronräuber«, entgegnete seine Mutter mit Nachdruck. »Du bist der zukünftige Baron und kein anderer. Du wirst ab jetzt und für alle Zeit für Recht und Ordnung in deinem Reich sorgen.«

Jetzt saß auch Graf Pelz ganz still auf seinen Hinterpfoten und blickte zwischen der Baronin und seinem Herrchen hin und her.

»Ich hoffe, dass die Kompanie bald bereit ist«, sagte die Baronin mehr zu sich selbst als zu ihrem Sohn. Ihre Augen suchten wieder hektisch das Lager ab. »Umso schneller können wir der Feenbrut den Garaus machen und dieser schrecklichen Prophezeiung ein Ende setzen.« Sie atmete tief durch. »Nun komm! Von Schneid soll die Männer zusammenrufen. Ich habe ihnen etwas mitzuteilen.« Mit einem energischen Fingerzeig bedeutete die Baronin ihrem Sohn aufzustehen.

Faulenz zupfte seine dunkelgrüne Jacke mit den goldenen Knöpfen zurecht und setzte sich den braunen Zylinder auf. Dann erhob er sich schwerfällig und befahl: »Graf Pelz, bei Fuß.« Doch der kleine Schmetterlingsspaniel rührte sich keinen Millimeter.

»Los jetzt!«, schrie Härtha schrill.

Durch Graf Pelz und sein Herrchen ging ein Ruck. Beide folgten der Baronin, direkt an Anders vorbei, der die Luft anhielt. Was hatte er da eben gehört? Faulenz, sein Halbbruder, der verstorbene Baron, sein Vater? Dann hatte er die ganze Zeit als Küchenjunge auf dem Schloss seines Vaters gearbeitet und sollte nun Baron werden? Anders wurde ganz schwindelig. Sein Herz raste. Ruckartig zog er den Schal vom Gesicht und atmete tief ein und aus, um sich zu beruhigen. Jetzt verstand er, warum ihn die Baronin tot wissen wollte und auch, dass sie niemals Ruhe geben würde, bis sie ihr Ziel erreicht hatte. Anders musste wissen, was Härtha von Heckenrose vorhatte. Er sprang auf, blickte ihr und Faulenz noch einmal hinterher, wie sie zur Mitte des Zeltlagers stapften, und rannte dann zur Rückseite des Küchenzeltes. Eimer samt Schaufel und Ponymist ließ er einfach stehen.

~ 16 ~

Der Wald muss brennen

Liva liefen Tränen die Wangen runter. Glücklich saß sie inmitten des Zwiebelbergs und schälte und teilte und schälte und teilte. Mit dem Blitz-Messer wurde sie immer geschickter. Plötzlich ertönte das laute Tröten des Honigschneckenhorns gefolgt von einem lang gezogenen »Kompanie, angetreten!«. Vor Schreck ließ Liva die halb geschälte Zwiebel fallen und blickte auf.

In diesem Moment bog Anders ums Zelt. »Schnell! Die Baronin will etwas verkünden.« Gehetzt spähte er ins Küchenzelt. »Komm!«

Liva sprang auf und sah Anders über die Schulter. Horn und Befehl hatten im Zelt ebenfalls Aufmerksamkeit erregt. Meister Forke und seine Küchenjungen standen am Eingang und blickten zur Lagermitte. Liva und Anders wandten sie ihre Rücken zu. »Was hast du herausgefunden?«, flüsterte sie.

Anders blickte sie stumm an. Er atmete schwer. Waren da Sorgenfalten auf seiner Stirn? »Ach, das erzähle ich dir später«, antwortete er. »Jetzt komm!«

Arglos ließ Liva das Blitz-Messer in die Tasche des Grasmannmantels gleiten und nickte Anders zu. Schon packte er sie bei der Hand und zog sie weiter, um das Zelt, direkt auf die Lagermitte zu.

Alle fanden sich nun dort ein. Die Soldaten mühten sich hektisch in geordnete Reihen. Dabei hüpften sie seltsam durcheinander und schubsten sich gegenseitig hin und her. Hauptmann von Schneid blies unentwegt in sein Honigschneckenhorn. Immer wenn sein Tröten erklang, hüpften die Soldatenmenschen noch hektischer herum. Die Krautsaumer gesellten sich ebenfalls voller Neugier dazu. Liva und Anders mischten sich unter sie. Auf der anderen Seite des Tumults entdeckte Liva die beiden Jäger mit ihren Hunden. Sie lehnten an einem Fass und sahen zur Baronin, der gerade das dicke Pony zugeführt wurde. Schwerfällig stieg sie auf, sodass ihr Kopf zumindest ein bisschen über alle anderen ragte. Ihr Sohn stand neben ihr und hielt einen Riemen, den man dem Tier um den Kopf gelegt hatte. »Die Baronin ist aber klein«, flüsterte Liva erstaunt. »Wenn sich Milva auf die draufsetzt, ist die platt wie gefallenes Laub. Also, vor der habe ich keine Angst.«

»Du kennst sie nicht«, murmelte Anders. »Sie ist ziemlich Furcht einflößend, und dann sind da auch noch rund dreißig Soldaten, die ihr folgen. Du solltest sie nicht unterschätzen.«

Endlich schafften es die Soldatenmenschen, sich in Reihen aufzustellen, und mit einem Mal wurde es ganz still. Alle hielten den Atem an, als die Baronin das Wort ergriff. »Männer, Soldaten, Beschützer der Baronie und ihrer Menschen«, begann sie schrill. »Ihr seid hier, um großes Unheil zu verhindern. In diesem finsteren Wald, hinter dem Land der redlichen Bauern, ohne deren harte Arbeit wir kaum ein Brot auf unseren Tischen hätten …«

Die Krautsaumer nickten und brummten zufrieden.

»… jenseits des Flusses, der unser friedliches Leben von der Wildnis trennt, harrt ein Feind, der unsere Ordnung und das Recht auf ein sicheres Leben bedroht.«

»Bin ja mal gespannt, wer das sein soll«, murmelte der alte Johan, der dicht neben Anders stand.

»Ich auch«, flüsterte Liva. Sie konnte sich nicht vorstellen, wen die Baronin meinte.

»Diesen Feind müssen wir vernichten, bevor er unser Leben zerstört.« Sie atmete tief durch, um im nächsten Moment noch lauter zu rufen: »Und der Feind wird unterstützt von einem Waldgeist, den die redlichen Krautsaumer *Bärenmutter* nennen. Eine düstere Feendämonin, die diesen Landstrich am Rande unserer Baronie seit langer Zeit terrorisiert.«

»Pfft«, machte Liva.

Da ertönte ein Hornstoß von Hauptmann von Schneid, dem ein einstimmiges »Hurra« der Soldaten folgte. Johan schüttelte den Kopf, und Hilga raunte: »Mit Bärenmutter legt man sich besser nicht an.«

Liva konnte nur zustimmend nicken.

»Es gilt, diesen Dämon und den Feind der freien Menschen in die Schranken zu weisen und ihnen den Garaus zu machen.« Die Stimme der Baronin wurde nun so schrill, dass sich manche der Dorfbewohner die Ohren zuhielten. »Hauptmann von Schneid!«

Mit einem Satz drehte sich der Hauptmann um und verneigte sich so tief vor seiner Herrin, dass der Federbusch auf seinem Helm den Boden berührte.

»Wann ist die Truppe einsatzbereit?«

Von Schneid sah gehetzt von seiner Herrin zur Truppe und zurück. »Ähem.« Er räusperte sich und stotterte zögerlich: »Es, äh, wird noch ein wenig Zeit brauchen, bis wir Lager und Kompanie einsatzbereit haben.«

»Dann beeilt euch«, fuhr ihn die Baronin an. »Der Feind zögert nicht. Er wird wissen, dass wir hier sind. Ich erwarte, dass die Kompanie schneller als möglich bereit und schlagkräftig ist, damit wir den Fluss überqueren und in das finstere Dickicht vordringen können.«

Liva hielt die Luft an.

»Aber, Mutter«, entgegnete Faulenz, »wenn das Dickicht so finster ist, wie soll die Kompanie da die Formation halten? Wenn die Soldaten ungeordnet durch den Wald stolpern, verliert von Schneid die Übersicht und wir sind alle leichte Beute für Bärenmutter, oder nicht?«

Ein Raunen ging durch die Soldaten, deren Mienen unsicher und besorgt wirkten. Härtha drehte sich langsam zu ihrem Sohn. »Das Soldatenleben birgt eben Risiken«, fuhr sie ihn an und hob den Zeigefinger, verstummte aber augenblicklich. Sie richtete sich in ihrem Sattel auf und blickte nachdenklich hinüber zum Wald, der hinter dem Hügel hervorlugte. Als sie sich wieder zu den Menschen drehte, schürzte sie die Lippen und ließ ihren Blick über die Soldaten und Krautsaumer schweifen. »Mein Sohn hat recht«, hob sie plötzlich an und tippte sich mit dem Finger gegen die Nase. »Wir brauchen Holzfäller. Holzfäller, aus dem Dorf. Sie sollen die Bäume fällen, eine breite Schneise schlagen, den Weg bereiten. Wenn das nicht hilft, brennen wir die Bäume und Büsche mit Feuer nieder.«

Liva zuckte zusammen. Ihr wurde schwindelig. Das konnte die Baronin nicht ernst meinen! Das durfte sie Milva und dem Wald nicht antun. Sie spürte, wie Schreck und Wut in ihr hochkrochen. Ihr ganzer Leib zitterte. Anders legte ihr seine Hand auf die Schulter. Schwer atmend stampfte Liva mit dem Fuß auf. Die Krautsaumer rund um sie schluckten und senkten ihren Blick. Johan zog scharf die Luft durch die Zähne, und Reiser flüsterte: »Haben wir überhaupt noch Beile?«

»Von Schneid«, fuhr Härtha fort, »wählt sechs Männer aus. Sie sollen mit den Jägern den Waldrand absuchen und mögliche Spuren sicherstellen. Verstanden?«

Der Hauptmann nickte.

»Und die Spähtrupps brechen unverzüglich auf, damit wir einen hieb- und stichfesten Schlachtplan machen können.« Die Baronin warf einen letzten Blick in die Reihen der Soldaten. Dann stieg sie umständlich von ihrem Pony ab, packte ihren Sohn am Arm und trottete zurück zu ihrem Zelt.

»Was denkt die sich?«, raunte Johan. »Wo soll das jetzt hinführen? Bärenmutter wird die Soldaten aus ihrem Wald werfen. Die können froh sein, wenn sie lebend und nur mit einem gehörigen Schrecken davonkommen.«

Liva schluckte und nickte. Ein grimmiges Grinsen umspielte ihre Lippen.

»Da wäre ich mir nicht so sicher«, entgegnete Reiser. »Sie ist allein und die Soldaten sind immerhin dreißig Mann. Wenn sie uns Bärenmutter vom Hals schaffen, dann – « Aber den Satz konnte er nicht vollenden. Hilga hatte ihm ihren Ellenbogen in die Rippen gestoßen, so fest, dass Reiser die Luft wegblieb.

»Fällst du für sie einen Baum oder schlägst ihnen eine Schneise?«, fragte Hilga.

Reiser senkte den Kopf und atmete tief durch. Dann zuckte er stumm mit den Schultern.

»Siehst du!«, meinte Johan. »Lass die mal machen. Wir schauen uns das lieber von der Ferne an. Warum sollten wir uns für die in Gefahr bringen?«

Da ertönte wieder ein Hornstoß und Hauptmann von Schneid brüllte: »Ihr habt die Herrin gehört. Sechs Mann zu mir!«

Ein Ruck ging durch die Soldaten. Manche mussten sich plötzlich die Stiefel schnüren, andere blickten pfeifend in den Himmel. Ein oder zwei husteten und hielten sich mit gequältem Blick den Handrücken an die Stirn, als hätte sie unversehens ein Glühkopf ereilt.

»Niemand von denen verspürt Lust, am Waldrand entlangzustapfen«, murmelte Anders. »Die haben sicher Angst, vor allem jetzt, wo die Nacht kommt. Die Erzählungen der Jäger und Dorfbewohner über dich und Milva tun wohl ihr Übriges, dass sich kein Soldat in der Dunkelheit dem Wald mehr als nötig nähern will.«

»Ich will hier weg«, flüsterte Liva. Sie fühlte sich matt und hielt sich an Anders' Schulter fest. »Wir müssen zu Milva.« Sie wollte ihr von alldem ganz schnell erzählen. Nur Milva konnte wissen, was jetzt zu tun war.

»Ja, lass uns von hier verschwinden.« Anders drückte sich durch die aufgeregt schnatternde Menge und zog Liva an der Hand mit sich.

~ 17 ~

Gemeinschaft

Die Sonne stand schon tief, als sie dem toten Grasmann seine Kleidung zurückgaben. Kaum hatten sie ihn hinter sich gelassen, ließ Liva Anders' Hand los. Mit jedem Schritt, den sie sich dem Gurgelwasser näherten, wurde sie wieder mehr und mehr zu dem mutigen Wildschweinmädchen, das er kennengelernt hatte. Die Geräusche des Soldatenlagers klangen nur noch fern, als sie in der Abenddämmerung durch die Furt in den Schutz des finsteren Waldes liefen. Anders dachte an das, was die Baronin gesagt hatte. Warum hat ihn sein Vater als Küchenjungen schuften lassen? Wusste er überhaupt von Anders? Er war ja schon lange nicht mehr. Anders hätte ihn gerne kennengelernt. Und nun sollte er der nächste Baron auf Schloss Heckenrose werden? Der Gedanke bereitete ihm Unbehagen. Er wusste doch gar nicht, was ein Baron machte, und er wollte auch überhaupt keiner sein.

»Wir müssen uns beeilen und Milva alles erzählen, was wir gehört haben«, sagte Liva und ließ sich nach vorne auf die Hände fallen. »Komm, steig auf.«

Anders nickte dem Wildschwein stumm zu, das ungeduldig mit

den Hufen scharrte. Kaum hatte er Platz genommen und sich in ihre Borsten gekrallt, sprang sie los. Anders duckte sich tief auf ihren Rücken und schloss seine Augen, sodass er nur noch das Donnern ihrer Hufe und den harzig-erdigen Waldgeruch wahrnahm. Aber schon bald wurde der Hufschlag langsamer und Livas Schnaufen stärker. »Bin ich dir zu schwer?«, fragte er, bekam aber nur ein aufgebrachtes Grunzen zur Antwort. Als sie die Farnsenke erreichten, wurde Liva so langsam, dass sie kaum mehr trabte. »Halt an«, bat Anders. »Ich werde selbst laufen. Du bist schon ganz aus der Puste.«

»Aber … dann«, schnaufte Liva, »brauchen … wir … ewig.« Sie trabte mit hängendem Kopf weiter. Als sie am gegenüberliegenden Rand der Farnsenke wieder in den Wald steigen wollte, blieb sie plötzlich quiekend stehen.

Anders stieg ab. »Lass mich laufen. Ich kann ja weiter reiten, wenn du dich besser fühlst.«

Liva grunzte zustimmend und verwandelte sich zurück.

»Was meinst du? Wie lange brauchen wir, wenn ich selbst laufe? Bis Mitternacht?«

»Mittewas?«, fragte Liva und bog den Rücken durch.

»Geisterstunde, also die Mitte der Nacht, wenn es ganz dunkel ist«, antwortete Anders.

»Verstehe ich nicht. Was meinst du damit? In der Nacht ist es immer dunkel. Heller ist es nur jenseits des Gurgelwassers, wo der Wald Mond und Sterne nicht verdeckt.«

»Ich meine den Augenblick, wenn der Nachtwächter die Geisterstunde ankündigt«, erklärte Anders. »Wenn er singt: *Hört, ihr Leut', und lasst euch sagen, nun hat's Geisterstund' geschlagen.*«

»Warum bewacht jemand die Nacht?«, fragte Liva. Sie wirkte äußerst erstaunt. »Und wer schlägt die Geisterstund? Tut der das nicht weh?«

»Äh, nein. Es gibt eben einen Moment in der Mitte der Nacht, der ›Geisterstunde‹ genannt wird. Das ist einfach nur ein Zeitpunkt.«

»Was redest du denn da? Zeit-Punkt?«, entgegnete Liva.

»Habt ihr keine Tages- und Nachtzeiten?«, fragte Anders.

»Was ist das?«

»Na, der Morgen, wenn man aufwacht und Frühstück isst. Oder der Mittag, wenn man Mittagessen isst. Oder eben der Abend, wenn man – «

»Lass mich raten«, fuhr Liva dazwischen. »Wenn man Abendessen isst? Also ich esse, wenn ich hungrig bin.«

»Und wann gehst du schlafen?«

»Wenn ich müde bin. Wann denn sonst?« Liva ging weiter. »Wann legst du dich hin?«

»Wenn es Nacht wird«, antwortete Anders und folgte ihr.

»Bist du immer müde, wenn der Mond aufwacht?«

Anders nickte. »Ich glaube schon. Ich bin irgendwie immer müde, weil die Arbeit in der Schlossküche anstrengend ist.«

»Aber dann verpasst du ja die Leuchtkäfer oder Grimmbart oder die Nachtfalter und überhaupt den Feenstaub, der über den schwarzen Himmel fliegt zwischen all den leuchtenden Sternen.« Sie schüttelte überrascht den Kopf. »Hast du die alle noch nie gesehen?«

»Hm«, seufzte Anders und schwieg. Das klang alles schön, und er hatte all das, bis auf die Sterne während seiner Flucht vom

Schloss, wirklich noch nicht gesehen. »Also, wie lange, meinst du, brauchen wir?«

»Wenn ich dich tragen kann, reitest du wieder, wenn nicht, laufen wir. Dann wird es schon nicht so lange dauern«, antwortete Liva und half ihm über ein paar Wurzeln. Wenig später konnte sie ihn auch wieder tragen, zumindest ein Stück. Aber Anders merkte, dass sie immer häufiger eine Pause brauchte.

Als sie endlich die Klamm und das Kaltwasser erreicht hatten, musste es längst spät in der Nacht sein. Im Handumdrehen standen sie auf der kleinen Lichtung und vor Bärenmutters Höhle. »Milva!«, rief Liva und lief auf den Höhleneingang zu. »Milva!«

Auch wenn Anders einen guten Teil der Wegstrecke geritten war, fühlte er sich ziemlich erschöpft. Wie musste es da erst Liva gehen? Er folgte ihr in den grün schimmernden Pilztunnel und nach einem kurzen Hauch ihrerseits durch den Wurzelvorhang in die geräumige Wohnhöhle, wo Milva am großen Steintisch saß.

»Sie wollen den Wald mit Feuer anzünden«, sagte Liva aufgebracht.

»Und es gibt noch etwas, das du wissen musst«, fügte Anders hinzu.

»Setzt euch erst mal. Ihr seid sicher hungrig.« Milva schob ihnen die geblümte Vase hin.

»Dafür ist keine Zeit«, entgegnete Liva. »Die Baronin hat Soldatenmenschen, die dich angreifen sollen, weil du mit einem schrecklichen Feind die Menschen bedrohst. Und sie sollen das mit Feuer tun.«

Milva stand auf, holte ein paar Beeren und Nüsse, legte sie auf den Tisch und brummte: »Was für ein Feind?«

»Weiß ich nicht«, antwortete Liva. »Vielleicht Narzbork? Der kann doch Menschen nicht leiden.« Sie sah ihre Mutter fragend an, aber Milvas eisblaue Augen hafteten auf Anders.

Der schluckte. Milvas bohrender Blick bereitete ihm Unbehagen. Sie wusste etwas von dem, was er beim Pavillon gehört hatte. Das spürte er. »Da gibt es noch etwas«, stammelte er. »Ich glaube, dieser Feind bin ich.«

»Du?«, brach es aus Liva heraus. »Aber du bist doch nicht schrecklich.«

Milva blieb ruhig und sah Anders unverwandt an.

»Die Baronin meint, dass ich anstelle ihres Sohnes über Schloss Heckenrose und die Baronie herrschen werde«, flüsterte Anders. »Sie sprach von einer Prophezeiung, die ihr Sterndeuter kennt und mit mir in Verbindung bringt.«

»So?« Milva setzte sich wieder an den Tisch. »Was sagt diese Prophezeiung.«

Anders nahm nun auch Platz, zog die Beeren zu sich und starrte die Früchte an. »Sie meinte, die Sterne wissen, wer der nächste Baron ist. Er soll so viel Mensch wie Fee sein. Und Faulenz, ihr Sohn«, er sah zu Liva und schließlich zu Milva, »ist nur Mensch.«

»Und deshalb möchte sie dich tot sehen«, entgegnete Milva. »Weil ihr Sohn Baron werden soll.«

Anders nickte. »Sie sagte, dass der Baron mein Vater ist und ich Faulenz älterer Halbbruder bin.«

»Aber warum bist du ein schrecklicher Feind und eine Bedrohung für die Menschen?«, wandte Liva ein.

»Weil sie Angst hat, dass dann alles anders wird«, sagte Milva. »Kauz kennt auch eine Sternengeschichte und hat sie mir einmal erzählt.«

Anders' Augen wurden groß. »Wie lautet sie?«

»Nun, dass eines Tages ein Feemensch Verständnis bringt, füreinander, weil er allen hilft und so die Menschen die Angst vor den Feen und die Feen den Groll auf die Menschen verlieren.« Milva wirkte sehr nachdenklich.

»Aber das ist doch gut!«, rief Liva.

»Nicht für die, denen Feen dienen«, antwortete Milva finster. »Daher will die Baronin nicht, dass Anders Baron wird. Sie möchte verhindern, dass Feen und Menschen friedlich miteinander leben. Sie möchte, dass die Feen weiter für Menschen arbeiten und sich selbst vergessen. Und sie möchte die Feenheimat zerstören und für die Menschen nutzen.«

»Ich möchte gar nicht Baron werden«, flüsterte Anders. »Vielleicht irren sich ja beide, der Sterndeuter und Kauz. Ist Kauz eine Fee?«

Milva schüttelte den Kopf. »Aber Tiere haben etwas von uns und wir etwas von ihnen. Manche mehr, manche weniger. Kauz ist alt und weise, aber kaum eine Fee. Auch wenn er und dieser Sterndeuter irren, bedroht die Baronin meine Heimat. Und sie wird nicht gehen, ohne dich und mich vernichtet zu haben. Wir sind eine große Bedrohung dafür, wie sie das Leben und Werden versteht.«

»Und was sollen wir jetzt machen?« Liva sah von Anders zu Milva und zurück. »Die kommt mit runden Reisig-Soldatenmenschen, Holzfällern und Feuer.«

»Runde – was?«, fragte Anders.

Liva sah ihn an. »Das hast du gesagt, runde Reisig-Soldaten, als die Baronin begonnen hat zu sprechen und alle still in Reihen standen.«

Anders überlegte. »Ach so, rund dreißig Soldaten!«

»Genau«, entgegnete Liva.

»Ein Bär gegen so viele mit Bögen und Feuer«, sagte Milva matt und schüttelte den Kopf. »Dagegen kann selbst ich nichts ausrichten. Vielleicht muss es so kommen.«

Anders starrte sie überrascht an. Er hatte erwartet, dass sie ihn wütend anbrüllen würde für die Bedrohung, die er über ihre Heimat brachte. Stattdessen wirkte sie, als würde sie sich damit abfinden. Aber Liva schlug mit der Faust auf den Tisch und grunzte: »Milva! So kenne ich dich gar nicht. Wir können das doch nicht einfach geschehen lassen! Ich kann kämpfen.«

»Richtig«, stimmte Anders mit ein. »Ihr müsst euch, ich meine, wir müssen uns wehren! Wir müssen eine Gemeinschaft zusammenstellen, zur Verteidigung des Waldes.«

Liva und Milva sahen ihn fragend an. »Eine was?«

»Eine Gemeinschaft. Wisst ihr nicht, was eine Gemeinschaft ist?«

Beide schüttelten den Kopf.

»Eine Gemeinschaft«, Anders überlegte, »das ist eine Gruppe, die etwas gemeinsam will. Menschen sind zum Beispiel nur gemeinsam stark. Also, jeder und jede will etwas Ähnliches, und das erreichen sie am leichtesten gemeinsam. So, wie das Dorf Krautsaum. Dort helfen sie sich gegenseitig, und allen geht es gut. Oder wie die Soldaten. Sie helfen alle zusammen und bauen ganz schnell ihr Zeltlager auf.«

»Aber das ist nur für Menschen«, sagte Liva traurig.

»Nein«, antwortete Anders. »Das könnt ihr auch! Im Wald gibt es doch sicher auch Sippen, die sich helfen, oder nicht?«

»Wie die Mäuse?«, fragte Liva. »Die kuscheln sich in ihrer Höhle zusammen, wenn es kalt ist, und wärmen sich, dass keine friert.«

»Genau! Nur müsst ihr euch verbünden und den Wald gemeinsam verteidigen, um eure Heimat zu schützen.«

»Aber wir sind doch nur zwei, Mama und ich«, entgegnete Liva. »Und du. Aber du kannst dich ja nicht verwandeln.«

Anders senkte den Blick und nickte. »Es gibt doch Kauz und sicher noch andere, die uns helfen könnten.«

»Aber die gehören ja nicht zur Sippe.«

»Ich glaube«, sagte Milva, »er meint, dass wir uns mit anderen zusammentun sollen, ganz anderen.«

»Richtig«, bestätigte Anders Milvas Vermutung. »Die Krautsaumer sind auch eine Gemeinschaft, ohne eine Sippe oder Familie zu sein.«

»Wirklich?« Liva sah Anders überrascht an.

Er nickte. »Ihr müsst euch mit den Tieren verbünden. Euer aller Heimat wird doch bedroht! Ihr müsst einfach viele sein. Gibt es nicht auch noch mehr Feen hier? Da war doch einer, der Menschen nicht leiden kann?«

»Du meinst Narzbork?«, antwortete Liva und schüttelte den Kopf. »Der ist lieber allein und nicht sehr freundlich. Außerdem schläft er meistens.«

»Er hasst es, wenn etwas seine Ruhe stört«, ergänzte Milva.

»Umso besser«, sagte Anders. »Die Menschen bedrohen euren

Wald und damit auch *seine* Heimat. Ihr habt also etwas gemeinsam. Und wenn er weiter seine Ruhe will, sollte er uns helfen.«

Livas Augen blitzten auf. »Aber ja! Wir wecken und überreden ihn.« Sie richtete sich kerzengerade auf. »Er wird das verstehen, wenn du es ihm erklärst.«

»Ich?«, fragte Anders.

»Natürlich du. Wer soll sonst vom Zusammentun erzählen? Du kannst das am besten«, rief Liva zuversichtlich.

»Hm.« Anders blickte auf den Steintisch. »Wie weit ist es zu diesem Narzbork?«

Livas Zuversicht wich schlagartig und sie sah Hilfe suchend zu Milva. »Er ist nicht schnell genug und ich bin zu erschöpft, um ihn zu tragen.«

»Und ausruhen können wir uns nicht wirklich. Die Soldaten warten ja nicht, bis wir wieder genug Kraft haben«, ergänzte Anders nachdenklich. »Wir haben sicher nur wenig Zeit und müssten sie so lange wie möglich vom Wald fernhalten, sie dazu bringen, dass sie nicht hierherwollen.«

Milvas eisblaue Augen blitzten. »Das kann ich machen. Ich lasse mich am Waldrand blicken, als Bär. Das hat die Menschen immer davon abgehalten, hierherzukommen.«

Anders grinste. »Das könnte funktionieren. Du machst ihnen Angst und bestätigst so die Schauergeschichten der Krautsaumer. Die Jäger haben ja schon allen von dir und Liva berichtet. Wenn die Soldaten nur die Hälfte davon glauben, bleiben sie dem Wald sicher lieber fern. Nur wissen wir nicht, wie viel Zeit wir haben. Wie erfahren wir, dass die Soldaten kommen, wenn wir noch auf dem Weg sind?«

»Kauz«, antwortete Milva knapp. »Er soll den Menschenschwarm beobachten und uns sagen, was er macht. Kauz ist schnell und wird euch immer finden können.«

Anders nickte, aber Liva wirkte immer noch unzufrieden. »Milva, kannst du Anders nicht Feenkraft geben?«, fragte sie. »Nur ein bisschen vielleicht? Er braucht einen sicheren Tritt und muss besser sehen können. Dann sind wir schneller und der Weg wird ihn nicht müde machen. Außerdem ist er dann für Narzbork mehr Fee und weniger Mensch.«

Milvas Blick ruhte auf Anders. »Hm«, brummte sie nachdenklich. »Als Halbfeenjunge. Vielleicht.« Sie sah zum Höhleneingang. »Ruht euch einen Moment aus und wartet. Ich will sehen, was ich tun kann.« Mit diesen Worten verließ sie die Höhle.

Anders sah ihr nachdenklich hinterher. Was würde jetzt kommen? Kannte sie einen passenden Zauber?

»Iss und trink«, sagte Liva und schob sich ein paar Nüsse samt Schale zwischen die Zähne.

Anders nickte. Während er eine Handvoll Beeren aß, merkte er, wie eine schwere Müdigkeit von ihm Besitz ergriff. Erschöpft bettete er den Kopf auf seine Arme und schloss die Augen.

~ 18 ~

Der Kuss

Plötzlich kitzelte Anders etwas am Ohr. Blinzelnd schlug er die Augen auf. Milva und Liva standen vor ihm, wie ein Empfangskomitee. »Habe ich geschlafen?«, gähnte er.

»Komm!« Liva grinste. »Draußen wartet jemand auf dich. Milva hat Hilfe gefunden.«

Schlagartig war Anders hellwach und richtete sich auf.

»Vor der Höhle, im Garten«, brummte Milva. »Hinaus mit dir!«

Anders drehte sich zum Höhlenausgang. Er atmete zweimal tief durch. »Wer erwartet mich da?«

»Wirst du dann sehen«, antwortete Milva.

»Also gut.« Anders räusperte sich und schickte sich an, nach draußen zu gehen. Als aber Milva und Liva keine Anstalten machten, ihn zu begleiten, drehte er sich noch einmal um. »Kommt ihr mit?«

»Jetzt geh schon«, forderte ihn Milva auf.

»Wir kommen gleich nach«, antwortete Liva und lächelte.

Anders schluckte und verließ die Wohnhöhle.

Es war noch immer mitten in der Nacht. Schwarz und undurchdringlich stand der Wald rund um die kleine Lichtung. Hoch am Himmel konnte Anders den Mond erkennen, der sich hinter vorbeiziehenden Wolkenfetzen versteckte und alles in ein graues Zwielicht tauchte. Bis auf das nächtliche Zirpen der Grillen war es still. Plötzlich raschelte es in Milvas Garten. Anders kniff die Augen zusammen und betrachtete die hohen Pflanzen, deren Blüten im Mondlicht rosa und purpur schimmerten. Bewegten sie sich? War da wer? »Hallo?«

Langsam gewöhnten sich seine Augen an die Dunkelheit. Da! Durch den Garten streifte ein Schatten, nicht viel größer als ein kleiner Hund. Anders wich zurück. Unweigerlich musste er an die Hunde der Jäger denken, aber die würde Milva in ihrem Garten wohl kaum dulden. Vorsichtig beugte er sich nach vorne, als eine spitze Schnauze zwischen den Pflanzen hervorlugte. Leuchtende Augen blickten ihn an.

»Hallo«, flüsterte Anders zögerlich.

Das Wesen war nicht sehr groß und als die Wolken den Mond wieder freigaben, schimmerte sein Fell rötlich. Es legte den Kopf schief und gähnte. Dabei riss es das Maul so weit auf, dass eine Reihe spitzer Zähne im Mondlicht bleich blitzte.

Langsam näherte sich Anders. Regungslos beobachtete ihn das Wesen dabei. Jetzt stieg Anders ein herb-scharfer Geruch in die Nase. Der nächtliche Gast stank ziemlich. Anders verzog das Gesicht. Als er nur noch drei Schritte von dem Wesen entfernt war, blieb er stehen und ging in die Hocke. Er wusste nicht, was er nun tun sollte. »Bist du derjenige, der mir helfen will?«, fragte er flüsternd.

Da sprang das Wesen hervor und stand direkt vor ihm. Ein Fuchs! Es war ein Fuchs, der Anders gegenüberstand. Anders hielt die Luft an. Der Fuchs setzte sich auf die Hinterläufe und legte seinen buschigen Schwanz um die Vorderläufe. Ruhig betrachtete er Anders, der unsicher zurückstarrte.

»Was muss ich tun?«, fragte Anders. »Soll ich dir vielleicht in die Augen sehen?« Er kniete sich nun direkt vor den Fuchs und blickte ihm in seine leuchtenden Augen. »Besser so?«

Da schoss der Fuchs nach vorne und schnappte in Anders' Nase. Anders heulte auf. Der Biss schmerzte. Tränen schossen ihm in die Augen. »Hey!« Er schlug nach dem Tier, das aber behände zur Seite sprang. Anders hielt sich die Nase, blickte zum Höhleneingang zurück und rief: »Hilfe! Der Fuchs hat mich in die Nase gebissen!«

Liva kam aus der Höhle gerannt. »Hat er?«, fragte sie aufgeregt.

»Ja«, maulte Anders und stand auf.

Zu seiner Überraschung verbeugte sich Liva vor dem Fuchs, der nun wieder halb im Gestrüpp verschwunden war. Dann wandte sie sich zu Anders und hielt ihm ein großes Blatt hin. »Drücke das auf deine Nase.«

Anders stutzte. Wollte sie mit dem Fuchs für diese Gemeinheit gar nicht schimpfen?

»Er soll das Blatt darauf drücken«, erklang nun Milvas Stimme aus dem Höhleneingang. »Dann ist der Kuss schnell vergessen.«

»Kuss?« Anders blickte auf das große Blatt, das Liva ihm nun eindringlicher unter die Nase hielt. Darauf klebte ein grün-brauner Brei, der nach Steinen und Erde roch.

»Los! Es kühlt und macht den Biss schwach«, sagte sie.

Erstaunt nahm er das Blatt und presste es vorsichtig auf seine Nase. Sofort betäubte der kühle Brei den Schmerz. Dankbar nickte er Liva zu.

Der Fuchs bellte halblaut und verschwand nun im Wald.

»Danke«, rief ihm Liva hinterher und lächelte. »Jetzt müssen wir los.« Sie drehte sich um und lief zurück zu Milva.

Anders stand verdattert am Rand des Gartens. Das Blatt mit der kühlenden Paste auf der Nase blickte er erst Liva und dann dem Fuchs ein wenig beleidigt nach. Schließlich folgte er ihr. Sie hätte ihn wirklich vorwarnen können.

Milva sah ihn nachdenklich an, als er in die Wohnhöhle zurückkehrte. »Ich hoffe, der Kuss wirkt. Liva hat Nahrung für euch bereitet. Dann könnt ihr euren Hunger stillen und müsst unterwegs nichts suchen.« Sie schob drei Blätterpakete in einen alten verschlissenen Sack, der auf dem großen Steintisch lag. Anders fühlte sich unweigerlich an einen Fressbeutel für Pferde erinnert, so einen, wie ihn die Kutscher mit Hafer füllten und ihren Tieren vors Maul hängten. Nur, der Riemen zum Umhängen war ein grob geknüpftes Pflanzenseil.

Liva schien seinen überraschten Blick zu bemerken. »Praktisch, nicht wahr? Das habe ich von einem Pferd geliehen. Können wir mit allem füllen und alles darin mitnehmen.«

Anders nickte langsam. »Eine Tasche.«

»Tasche?«, wiederholte Liva nachdenklich. »So nennt ihr Pferdesachen, worin alles getragen wird?«

»So in der Art … Was machen wir jetzt?«, fragte Anders.

»Ihr sucht Narzbork, beim Nebelwasser.« Milva streckte ihm die offene Hand entgegen.

Er sah sie mit großen Augen an.

»Das Blatt«, entgegnete sie ruhig.

Vorsichtig zog Anders das Blatt von seiner Nase und reichte es ihr. Milva kratzte mit ihren Fingern den restlichen Brei vom Blatt und schmierte ihn Anders auf die Bisswunde. Anders zuckte zurück. Es schmerzte.

»Hab dich nicht so, geht vorbei«, brummte Milva.

»Wir müssen uns beeilen«, sagte Liva und schulterte die Tasche.

»Du weißt, wie du zu Narzbork kommst?«, fragte Milva. »Immer dem Kaltwasser nach. Du gehst keinen anderen Weg. Narzbork ist wechselhaft genug.«

»Aber – «, wollte Liva protestieren.

Doch Milva wiederholte mit Nachdruck: »Immer dem Kaltwasser nach.«

Liva seufzte und nickte. Dann bedeutete sie Anders, ihr zu folgen, und die beiden verließen die Wohnhöhle.

Sobald sie unter die Bäume tauchten, konnte Anders kaum noch etwas erkennen. Der schon tagsüber finstere Wald war in der Nacht schwarz. Er fühlte sich an den Moment erinnert, als er vor den Jägern hierher geflüchtet war. Liva griff seine Hand und zog ihn ein paar Schritte ins Dickicht. Dann fragte sie: »Merkst du was von Rothaars Geschenk?«

Anders wusste nicht, was sie meinte. Doch dann geschah etwas Seltsames. Seine Schuhe drückten ganz fürchterlich, so, dass es wehtat. Er sah an sich herunter. »Ich«, stammelte er und zog schlagartig seine Schuhe aus. Erleichtert atmete er auf. »Besser.«

»Und?« Liva sah ihn erwartungsvoll an.

Anders machte einige Schritte. Er spürte ganz deutlich jeden

Stein, jede Wurzel, jedes Pflänzchen unter seinen Füßen, aber es machte ihm nichts. Kein Piksen, kein Stechen. Seine Füße waren frei. Er musste nicht überlegen oder gar hinsehen, wohin er seinen Fuß setzte. Sein Tritt fand immer Halt. Alles fühlte sich ganz natürlich an. »Ja, da ist etwas«, antwortete er, blieb aber im nächsten Augenblick abrupt stehen. Ihm wurde schwindelig, ganz plötzlich. Alles drehte sich. Seine Hände suchten einen Baumstamm. Er wollte sich festhalten, um nicht zu stürzen. Da blieb ihm auf einmal die Luft weg. Er musste Husten und griff sich an den Hals, und schon im nächsten Moment an den Kopf, der augenblicklich fürchterlich pochte und drückte. Anders riss den Mund auf. Er wollte schreien. Aber dann war schlagartig alles vorbei. Er bekam wieder Luft und richtete sich auf. »Was war das?«, keuchte er und sah Liva mit einem Mal deutlich vor sich. Aber nicht nur Liva. Jeden Strauch, jeden Baum, jeden Pilz um sich herum konnte er trotz des spärlichen Mondlichts erkennen. Selbst die Mücken, Grillen und Käfer in der Luft verfolgte er mit Leichtigkeit, zumindest in seiner Nähe. Umso weiter er ins Unterholz oder zwischen den Stämmen hindurchspähte, umso mehr verlor sich alles wieder in der nächtlichen Dunkelheit. Anders stutzte. »Kann ich … kann ich sehen wie ein Fuchs?« Von überall strömten Geräusche und Gerüche auf ihn ein. Da war Klopfen, Würziges, Schnarren, Harziges, Knarren, Erdiges, Zirpen und Feucht-muffiges von Tier und Pflanze. Er hörte alles klar und deutlich und musste nicht lange lauschen und schnuppern. Sofort wusste er, welcher Duft und welches Geräusch von wo auf ihn einströmte. Es war ganz natürlich, ganz einfach.

»Sein Geschenk wirkt«, stellte Liva lächelnd fest.

»Ich glaube, ja«, antwortete Anders und musste grinsen. Das Fuchsgeschenk fühlte sich einfach unglaublich an. Er war eins mit dem Wald, als wäre es nie anders gewesen.

»Na, dann weiter.« Liva winkte ihm und lief los.

Anders folgte ihr und hielt mit leichtem und sicherem Tritt mit dem Wildschweinmädchen mit.

~ 19 ~

Maus und Uhu

Immer tiefer drangen Anders und Liva entlang des Kaltwassers in den Wald vor. Der eiskalte Bach sollte sie geradewegs zu Narzbork bringen. Birken und Buchen, Haselsträucher und moosbedeckte Stümpfe, alles flog an Anders vorbei. In Windeseile trugen ihn seine Füße sicher und leise durch den Wald. Sie fanden immer Halt und Weg, über jedes Hindernis, ohne auch nur die geringste Spur zu hinterlassen. Mühelos blieb er Liva auf den Fersen. Es fühlte sich an, als kenne er jeden Steig, jeden Zweig und jedes Blatt. Die Faszination, dass er mit seiner Nase und seinem Gespür für den Wald alles um sich herum erkennen konnte, ließ ihn die nächtliche Dunkelheit schnell vergessen. Da waren das Zirpen der Grillen, das Summen der Mücken, der erdige Dampf des Waldbodens und der Geruch von Rehen und Nagern. Doch schon bald drang eine Frage in seine Gedanken, die Anders sofort laut aussprach. »Warum hat mir der Fuchs eigentlich seine Kräfte geschenkt?«

»Weil Milva ihm etwas versprochen hat, was er sehr gerne hat«, antwortete Liva und wurde etwas langsamer.

»Streichelt sie ihm den Bauch?«, lachte Anders. »Oder säubert sie ihm das Fell?«

»Nein und nein.«

»Darf er bei euch in der Wohnhöhle schlafen?«

»Wieso? Er hat doch seinen eigenen Bau.«

»Ja, aber was bekommt er dann für seine Hilfe?«

»Die Küken des Rotkehlchens«, antwortete Liva trocken.

Anders verstand nicht. »Äh, warum?«

»Na, er frisst sie für sein Leben gern.«

Anders stutzte. »Wie?« Er blieb abrupt stehen und blickte Liva mit großen Augen hinterher.

Das Wildschweinmädchen stoppte ebenfalls und drehte sich zu ihm um. »Warum bleibst du stehen? Wir müssen uns beeilen.«

»Der Fuchs macht was mit den Rotkehlchenküken?« Anders war erschüttert.

»Er frisst die Eier oder die Küken«, wiederholte sie zögerlich. »Weil er sie aber fast nie bekommt, hat Milva ihm ein Nest versprochen.«

»Was?!« Anders war entsetzt. »Für sein Geschenk tötet ihr die Kinder von Vögeln?«

»Er hat es gefordert«, entgegnete Liva leise und schaute dabei zu Boden. »Die Rotkehlchen bekommen neue.«

»Aber, das wollte ich nicht«, stammelte Anders niedergeschlagen. »Warum habt ihr mich nicht gefragt? Ich hätte das nicht – «

»Psst!« Liva legte ihm plötzlich den Zeigefinger auf die Lippen und blickte sich um. Sie schnupperte die Luft.

Jetzt stieg auch Anders ein fremder Geruch in die Nase. Der Geruch kam aus den Ästen über seinem Kopf. »Da!« Er konnte eine schnelle Bewegung ausmachen. Zwischen den Blättern, nicht sehr hoch über ihnen, schälte sich aus der Dunkelheit die Silhouette eines Vogels, der aufrecht im Baum saß, groß wie ein Stuhl vom Esstisch der Baronin. Den Kopf hatte er tief zwischen die Flügel gezogen, so, als hätte er keinen Hals, und er fixierte Anders und Liva mit seinen gelb glühenden Augen. »Ist das Kauz?«, flüsterte Anders.

Liva schüttelte den Kopf. »Das ist ein Uhu. Wir sollten aber weiter, zu Narzbork. Komm!«

»Warte doch mal!« Anders hatte plötzlich eine Idee. »Wir sollten so viele Tiere wie möglich ansprechen, damit sie uns helfen. Du weißt schon: Je größer unsere Gemeinschaft, desto eher können wir gegen die Soldaten bestehen.«

»Du hast recht! Wir sollten es versuchen«, entgegnete Liva begeistert.

»Hallo, Uhu«, hauchte Anders in den Baum hinauf.

Der Uhu regte sich nicht. Er blickte nur starr auf die beiden hinab.

»Entschuldige, dass wir dich stören, aber es geht um einen Notfall! Wir suchen Tiere, die uns helfen. Denn der Wald, Milvas Wald, ist bedroht! Soldaten werden kommen und wollen Milva vernichten«, fuhr Anders fort. »Hilfst du uns, damit wir uns gegen sie wehren können?«

Noch immer zeigte der Uhu keine Regung. Verstand er Anders nicht?

»Sie kommen mit Feuer und wollen die Bäume umschlagen«, sagte nun Liva. »Milva und der Wald brauchen deine Hilfe.«

Da öffnete sich der Schnabel des großen Vogels nur ganz kurz und ließ ein schnelles *Hu* hören.

»Nein. Er ist mehr Fee«, antwortete Liva. »Halbfeenjunge, wenn du es genau wissen willst. Die runden Reisig-Soldatenmenschen sind ganz anders.«

»Hast du ihn verstanden?«, fragte Anders.

Da zuckte der Kopf des Uhus ein Stück auf ihn zu und starrte ihn an. Anders fühlte sich mit einem Mal unwohl. Der Uhublick war noch bohrender als Milvas und ganz und gar nicht freundlich. Es folgte ein lang gezogenes *Huhuuu*.

»Doch«, antwortete Liva. »Er gehört hierher. Die Menschen jagen ihn und wollen auch ihn töten. Und er ist mindestens halb wie wir.«

Wieder kam ein knappes *Hu* als Antwort. Anders fand, es klang, als würde Livas Antwort den Uhu nicht sonderlich beeindrucken. »Was hat er gesagt?«

»Dass Mensch bleibt Mensch«, entgegnete Liva und ließ den Kopf hängen. »Er will, dass du augenblicklich aus dem Wald verschwindest.«

Der Kopf des Uhus zog sich zurück, als Anders plötzlich eine Bewegung in der rechten Klaue des Vogels wahrnahm. Er sah genauer hin. Der Uhu hatte etwas gefangen, dessen langer dünner Schwanz zuckte. Plötzlich erklang ein helles Fiepen, nur kurz. Es erstarb sofort, als der Uhu mit seiner Klaue fester zupackte. »Was war das?«, rief Anders. Er zeigte auf die Klaue des Uhus. »Der hat da was. Ist das eine Maus? Was hat sie gerufen?«

Liva sah ihn erstaunt an und dann genauer auf die rechte Klaue des Uhus. Der Uhu senkte bedrohlich seinen Kopf und drückte die Klaue ein wenig fester zu. Wieder erklang ganz leise, aber deutlich ein klägliches Fiepen.

Liva stemmte plötzlich beide Fäuste in die Seiten und rief: »Lockere deinen Griff! Wenn ich deine Beute richtig verstehe ...« Das Fiepen wurde nun lauter und kräftiger, »... dann will sie Milva helfen. Ich will hören, was sie zu sagen hat.«

Schlagartig schoss der Uhukopf vor und stieß ein langes tiefes *Huuuu* aus, dem ein panisches Fiepen folgte.

»Das ist mir egal«, rief Liva.

Es folgte ein fauchend böses *Huuuhhh*.

Aber Liva ließ sich nicht beirren. »Lass sie sprechen. Ihre Hilfe ist wichtiger als dein Hunger.«

Jetzt drückte der Uhu seine Klaue so fest zu, dass das Fiepen auf einmal verstummte.

»Halt«, rief Liva.

Anders starrte den großen Vogel an. Hatte er die Maus zerdrückt? Ohne nachzudenken, griff er einen Ast und schleuderte ihn mit aller Kraft auf den Uhu. Der flatterte erschrocken auf. Dabei öffnete er seine Klauen und ein Mäuseleib fiel herab. Liva sprang nach vorne und fing ihn auf. Sofort hielt sie schützend ihre Hand über das Tier.

Der Uhu schlug jetzt wütend mit den Flügeln, dass es nur so brauste, und rief ein lautes *Huhuuuu*.

Anders spürte die Anspannung in allen Gliedern. Seine Hand suchte fieberhaft einen weiteren Ast, während er den großen schimpfenden Vogel, dessen scharfen Schnabel und kräftige Klauen im Auge behielt.

»Verschwinde und lass uns in Ruhe«, rief Liva erbost. »Du kannst Milva erzählen, was du willst. Dann sage ich ihr, dass du ihr nicht helfen willst.«

Da flog der Uhu mit einem letzten erbitterten *Huu* auf und verschwand im Blätterdach.

»Du bist kein Waldtier, wenn du uns nicht hilfst«, rief Liva ihm nach.

Anders spürte, wie langsam die Anspannung nachließ. »Ist sie tot?«

Liva ging ein paar Schritte zu einer Stelle, wo das Mondlicht bleich durch das Blätterdach schien, und lüftete vorsichtig die Hand. Der kleine Brustkorb der Maus hob und senkte sich. Sie atmete. Anders seufzte erleichtert. Die Maus zitterte. Liva fuhr ihr sanft mit dem Zeigefinger übers Fell. »Der Uhu ist fort. Heute wirst du nicht gefressen.«

Vorsichtig sah die Maus die beiden mit ihren schwarzen Knopfäuglein an. Sie fiepte leise.

Anders verstand kein Wort. Sein Blick wechselte von Liva zur Maus und zurück.

»Das haben wir gerne gemacht. Und wenn du Milva helfen willst, wäre das toll«, antwortete Liva.

Die Maus wog den Kopf hin und her, dass ihre Schnurrhaare zitterten. Wieder fiepte sie leise.

»Weiß ich nicht. Die Menschen sind groß, du bist klein.«

»Jeder kann helfen«, murmelte Anders dazwischen. »Egal wie groß.« Er hoffte, dass er Livas Antworten richtig deutete.

Liva und die Maus sahen ihn an. »Aber sie kann sich doch den runden Reisig-Soldatenmenschen nicht in den Weg stellen. Die treten auf sie, ohne sie überhaupt zu sehen. Da hätte sie auch gleich der Uhu fressen können«, sagte Liva tonlos.

Die Maus zuckte bei ihren Worten.

»Aber sie hat andere Stärken, sie ist flink.« Anders lächelte und wandte sich an die Maus. »Vielleicht kannst du unsere Nachricht verbreiten und weitere Tiere für unsere Gemeinschaft finden! Während wir Narzbork wecken, kannst du in eine andere Richtung sausen und alle um Hilfe bitten, denen du begegnest.«

»Und die sie nicht fressen wollen«, ergänzte Liva nüchtern. »Das sind übrigens nicht viele Tiere von denen, die mit dem Mond wach sind.«

Die Maus sah Anders einen Moment lang an, dann sprang sie plötzlich auf ihre Hinterpfoten und piepste in den höchsten Tönen.

Als sie geendet hatte, nickte Liva. »Bist du sicher, dass du uns helfen willst, egal wie gefährlich es wird?«

Die Maus fiepte einmal kurz mit vorgestreckter Brust.

Das verstand Anders auch so. Aber schon begann die Maus wieder zu piepsen, und Liva wandte sich an ihn. »Sie fragt, was sie tun soll.«

»Hm«, entgegnete Anders und beugte sich ein wenig zur Maus. »Wie du ja gehört hast, kommen Menschen mit Feuer in Milvas Wald. Sie wollen Milva töten, Bäume fällen und eure Heimat zerstören. Es sind viele Menschen …«, er überlegte, »so viele wie …«

»Eine Wildschweinfamilie«, murmelte Liva.

»Ja?« Anders sah sie fragend an.

Liva nickte.

»Gut.« Anders wandte sich wieder an die Maus, die aufmerksam zuhörte. »Erzähle allen Tieren, die du finden kannst, dass so viele Menschen wie eine Wildschweinfamilie in den Wald kommen und euer aller Heimat bedrohen. Milva braucht die Hilfe der Tiere, damit sie die Menschen aufhalten kann. Sie braucht die Unterstüt-

zung einer Gemeinschaft des Waldes. Es müssen so viele sein, dass die Menschen vor ihnen Angst bekommen.«

»Sie sollen ganz schnell zu Milvas Haus, äh, Höhle kommen, und dich nicht fressen«, ergänzte Liva. »Sag ihnen das und sag ihnen, dass es von mir kommt und ich Narzbork hole.« Sie blickte zu Anders. »Von ihm erzähl besser nicht.«

Die Maus sah noch einmal von Liva zu Anders. Dann fiepte sie und sprang aus Livas Hand. Im Nu war sie im Unterholz verschwunden.

»Vielen Dank!«, rief Anders ihr hinterher. »Sie schafft das.«

»Hoffen wir, dass sie Tiere trifft, die schon Beute gemacht haben«, antwortete Liva. »Jetzt komm! Schnell zu Narzbork.«

~ 20 ~

Silvestra

Zusehends wurde der Wald hügeliger und umso weiter Anders und Liva vordrangen, umso tiefer grub sich das Kaltwasser in eine Senke und floss rasch schneller. Die Anhöhen zu beiden Seiten wurden immer steiler und die Ufer schmaler. Bald war die Senke zu einem Tal geworden, das in einer Klamm mündete, in der das Kaltwasser über Steine und Felsen rauschend verschwand. Hier blieb Liva auf einmal stehen und ließ ihren Blick über die linke Anhöhe schweifen.

»Was ist?«, fragte Anders.

Nachdenklich schürzte sie die Lippen. »Wir kürzen ab.«

»Wir sollen aber dem Kaltwasser folgen, hat Milva gesagt.« Anders zeigte auf die Klamm. »Also, da hinein.«

Doch Liva schüttelte den Kopf. »So fließt es noch eine Weile. Dann biegt es ab, nach da.« Sie zeigte links den Hang hinauf. »Wenn wir gleich da gehen, sind wir schneller und treffen es wieder.«

»Aber Milva hat gesagt, dass wir keinen anderen Weg nehmen sollen.«

»Ich weiß. Und trotzdem sind wir da entlang viel schneller. Und Eile ist gut, oder? Wir wissen ja nicht, wie schnell der runde Reisig-Soldatenmenschenschwarm ist.«

Anders sah zum Blätterdach hinauf, durch das hier und da der silbrige Mond und ein paar Sterne schimmerten. Wenn er doch nur gelernt hätte, deren Stand zu deuten.

»Was suchst du da oben?«, fragte Liva.

»Ich frage mich, wie lange es noch dauert, bis die Sonne kommt?«

»Noch eine Weile?« Liva sah nun ebenfalls zum Blätterdach. »Wenn die Vögel singen, dann steht sie bald danach auf.«

Anders seufzte. Die Antwort half ihm nicht weiter. Die Frage, wie viele Stunden es noch bis zum Morgen waren, brauchte er Liva nicht zu stellen. Sie hatte ganz sicher noch nie von »Stunden« gehört. »Jetzt schlafen die Soldaten bestimmt«, murmelte er. »Die werden erst aufstehen, wenn der Hahn im Dorf kräht und dann sind sie noch nicht marschbereit, also bereit, loszulaufen«, schob er vorsichtshalber nach, falls Liva nicht wusste, was »marschieren« ist. »Sag mal, warum ist Milva eigentlich gegen die Abkürzung?«

»Weil es vielleicht – « Liva zögerte und sah ihn mit einem Mal sehr ernst an. »Aber du hast ja den Fuchskuss. Sie werden uns gar nicht bemerken.«

»Wer?«

»Silvestra und Schlitzohr.«

»Silvestra und Schlitzohr?«

Liva winkte ab. »Nichts weiter, nur zwei Luchse. Da oben beginnt ihre Heimat und sie mögen es nicht, wenn ich mich da herumtreibe. Aber die bemerken uns nicht, weil du ja jetzt viel besser durch Milvas Wald kommst. Und vielleicht sind sie auch gar nicht in der Nähe.« Sie schnupperte. »Auf alle Fälle sind wir durch ihre Heimat schneller.«

»Sind sie gefährlich?«

Liva wog den Kopf hin und her. »Ich weiß nicht«, entgegnete sie langsam. »Jetzt ist die Zeit, wo sie ihre Jungen haben.«

»Ihre Jungen?« Anders blickte sie fragend an, schnippte aber im nächsten Augenblick mit dem Finger. »Die beiden wollen sicher nicht, dass Menschen zu ihren Jungen kommen, oder? Vielleicht helfen sie uns ja, um ihre Heimat zu schützen. Und wenn wir so schneller zu Narzbork kommen, können wir zwei Fliegen mit einer Klappe schlagen.«

»Welche Fliegen?«, entgegnete Liva überrascht.

»Das sagt man so bei den Menschen, wenn man zwei Dinge gleichzeitig erledigt«, antwortete Anders. »Wir sind schneller und fragen Silvestra und Schlitzohr, ob sie uns helfen.«

»Hm.« Liva blickte erneut den Hang hinauf und nickte.

Die beiden verließen das Kaltwasser und stapften aufwärts. Liva wirkte angespannt, das spürte Anders. Immer wieder blieb sie stehen, schnupperte und lauschte. Er tat es ihr gleich, konnte aber nichts außer das stetige Zirpen der Grillen und den erdigen Dampf des Waldbodens feststellen. Schritt für Schritt kletterten sie den Hang hinauf. »Sag mal«, stellte Anders eine Frage, die ihn seit der Begegnung mit dem Uhu umtrieb. »Ich konnte die Maus und den Uhu nicht verstehen. Meinst du, der Fuchs hat vergessen, mir auch seine Sprache zu schenken?«

»Nein, das hat er ganz bestimmt nicht. Wir haben Milva gefragt, wie du mir besser folgen kannst und gut durch den Wald kommst, mehr nicht.«

»Schade«, fuhr Anders fort. »Ich hätte zu gerne die Tiere verstanden. Dann hätte ich auch alles besser erklären können.«

»Aber sie verstehen dich ja.«

»Hm. Meinst du, der Fuchskuss ist nur geliehen? Also, habe ich jetzt immer Fuchskraft und kann mich wie ein Fuchs im Wald bewegen, oder geht die irgendwann weg?«

»Nein«, antwortete Liva. »Die geht nicht weg.«

Anders' Herz machte einen Sprung. Dann war er ja wie eine Fee, also ein bisschen zumindest.

»Sie geht wieder zum Fuchs zurück«, fuhr Liva fort. »Der muss ja jagen und braucht seine Kraft dafür. Dann bist du irgendwann nur noch Anders, ohne Fuchs.«

Schlagartig verpuffte Anders' Freude. Er seufzte. Natürlich! Wie sollte der Fuchs ohne seine Sinne und seine Schnelligkeit Fuchs sein? Er hätte seine Fuchskraft wohl für alle Rotkehlcheneier des Waldes nicht hergegeben. »Schade«, entgegnete Anders enttäuscht. »Ich wäre gern so geblieben. Dann hätte ich vielleicht bei dir und Milva leben können. Aber natürlich ist das hier alles irgendwann wieder vorbei.«

Liva blickte zu ihm zurück. »Warte ein wenig. Vielleicht gehörst du doch irgendwann zu uns. Da bist ja ein Halbfeenjunge.« Sie stieg weiter den Hang hinauf.

Anders nickte niedergeschlagen und folgte.

Endlich erreichten sie ein Plateau, auf dem sich unzählige Haselsträucher breitgemacht hatten. Ein leichter Wind ließ die Blätter rascheln. Liva sah sich um.

»Wo lang jetzt?«, fragte Anders.

»Psst!« Liva legte ihm ihren Zeigefinger auf die Lippen.

Anders war augenblicklich still. Er lauschte, konnte aber nichts Ungewöhnliches hören.

»Weiter!«, flüsterte Liva, verneigte sich vor den Haselruten, die sich daraufhin sanft zur Seite bogen, und setzte vorsichtig einen Fuß hinein in den dichten Hain.

Trotz der Fuchskraft fiel es Anders nicht leicht, ihr zu folgen. Sobald das Wildschweinmädchen die gebogenen Haselruten passiert hatte, sprangen diese augenblicklich wieder zurück, als würden sie Anders den Weg versperren wollen. Nur wenn er ganz dicht bei ihr blieb, kam er ungehindert voran.

Plötzlich blieb Liva regungslos stehen. Sie wirkte nervös und atmete ganz flach. Anders hielt die Luft an. Da! Ein Rascheln zu seiner Linken. Es war so leise, dass er es fast überhört hätte. Er kniff die Augen zusammen und versuchte, im Dunkel eine Bewegung zu erkennen. Aber, da war nichts, außer der sanften Brise, die durch die Haselblätter strich. Spielte ihnen der Wind einen Streich?

Vorsichtig und leise setzten die beiden ihren Weg fort, als mit einem Mal der Wind umschlug und ein scharfer stechender Geruch in der Luft lag, nur für einen Wimpernschlag. Schon verlor er sich wieder. Anders stellten sich die Haare auf. Der kurze Hauch reichte, um ihm klarzumachen, dass er hier nichts zu suchen hatte. Er packte Liva bei der Schulter. »Hast du das auch gerochen?«

Sie nickte. »Nur eine Warnung, mehr nicht.«

Anders atmete tief durch, um sich zu beruhigen. »Was fressen Luchse eigentlich?«, flüsterte er.

»Mäuse, Wiesel, aber auch mal ein Reh«, antwortete Liva ebenso leise. »Sie haben scharfe Krallen und spitze Zähne und können sehr gut schleichen.«

Anders schluckte und blickte hinter sich. Aber alles blieb ruhig.

Es dauerte nicht lange, dann hatten sie den Haselhain durchquert, und das Blätterdach ließ mehr und mehr vom funkelnden Nachthimmel erkennen. Die Bäume standen nicht mehr so eng. Zwischen ihnen wuchsen Farnwälder, an vielen Stellen hüfthoch. Das fand Anders zum einen beruhigend, weil er im Notfall überall ein Versteck finden würde. Andererseits konnte in jedem Farn auch ein Luchs lauern. Da hing plötzlich wieder, wenn auch nur leicht, der scharfe Geruch in der Luft und mit ihm die unmissverständliche Warnung. Anders spürte, wie Unruhe in ihm aufstieg und sich unweigerlich seine Muskeln anspannten. Auch Liva behielt die Umgebung aufmerksam im Auge.

Jetzt ging es leicht bergauf. Langsam lichtete sich der Farn und gab einen von Wurzeln durchzogenen Waldboden preis. Immer wieder brachen Felsen durch den Boden, manche von Moos bedeckt, andere von Wurzeln gesprengt. Die Steigung führte die beiden unmittelbar auf den größten Felsen zu. Wie ein Gipfel ragte er zwischen den Bäumen auf, nicht sehr breit, aber hoch wie ein Schuppen. Der Mond ließ ihn weißlich schimmern und beleuchtete viele Risse und Spalten im Stein. »Schau«, murmelte Anders und zeigte auf den breitesten Spalt. »Sieht wie der Eingang zu eurer Höhle aus.«

Aber Liva reagierte nicht. Sie starrte auf die Spitze des Felsens, wo sich ein Schatten erhob, der die Umrisse einer kräftigen Katze hatte. Aufrecht und ruhig saß sie da, mit spitzen Ohren, auf denen je ein Haarpinsel wuchs. Ihre Augen funkelten. Anders wich einen Schritt zurück. War das Silvestra? Oder Schlitzohr? Sein Herz klopfte wie wild. Warum hatte er den Luchs nicht bemerkt? Die Antwort traf ihn schlagartig: Der Wind. Der Luchs saß so auf dem Felsen, dass Anders niemals seine Witterung hätte aufnehmen können. Doch noch immer trug ihm die sanfte Brise den scharf-stechenden Geruch zu. Wie konnte das sein, wenn der Wind nicht gedreht hatte? Anders beschlich ein mulmiges Gefühl. Vorsichtig drehte er sich um und blickte zurück zum Farnwald. Da war wieder das Rascheln, das er schon im Haselhain vernommen hatte, und ein zweiter, noch größerer Schatten löste sich aus dem Farn. Anders rutschte das Herz in die Magengrube. Er spürte den starken Drang zu laufen, zu fliehen, auch wenn das sinnlos gewesen wäre. Der riesige Luchs würde ihn mit einem einzigen Sprung niederreißen. Langsam setzte dieser Tatze vor Tatze, näherte sich, bis er sich mit gebührendem Abstand auf die Hinterpfoten setzte. Leise knurrend fixierte er Anders. Eines seiner Ohren war geschlitzt.

Der Luchs auf dem Felsen fauchte.

»Beruhige dich, Silvestra«, antwortete Liva mit fester Stimme und stemmte die Fäuste in die Seiten. »Ich bin es. Wir wollen nicht stören und ziehen nur durch euer Gebiet.«

Anders spürte, dass auch sie angespannt war. Entschlossen trat er an ihre Seite. Zusammen waren sie stärker.

»Deine Jungen haben von ihm nichts zu befürchten«, fuhr Liva fort. »Er ist nur ein bisschen Mensch.«

Der Große in Anders' Rücken fauchte und bleckte die scharfen Zähne.

Blitzschnell fuhr Liva herum. »Du weißt, dass ich es mit euch beiden aufnehmen kann, Schlitzohr«, zischte sie. »Ich bin eine Waldtrollige und meine Hauer sind gefährlich.«

Schlitzohr ließ ein kurzes Bellen hören.

»Die Kehle?«, rief Liva. »Versuch es. Er ist stärker, als du denkst.« Sie packte Anders am Arm und flüsterte: »Keine Angst zeigen.«

Anders stöhnte leise. Seine Knie zitterten. Keine Angst zeigen zwischen zwei angriffslustigen Luchsen. Wie stellte sie sich das vor?

Jetzt knurrte der Luchs vom Felsen herab, und es klang nicht freundlich.

»Er ist ein Halbfeenjunge und ein Freund, Silvestra«, entgegnete Liva. »Milva weiß von ihm. Ihr beide solltet den Waldtrolligen vertrauen. Er und ich sind auf dem Weg zum Nebelsee. Wir wecken Narzbork. Es gibt einen Notfall.«

Silvestra miaute lang gezogen.

»Nein. Als Halbfeenjunge gehört er in den Wald und nicht zu den Menschen«, antwortete Liva beharrlich. »Und er ist ungefährlich, wenn man ihn nicht reizt.« Sie trat bestimmt mit dem Fuß auf.

Anders versuchte, sich größer zu machen, und spannte die Fäuste an.

Schlitzohr fauchte grimmig. Seine Ohr-Pinsel und sein breiter Backenbart zitterten. Er erhob sich und senkte bedrohlich den Kopf.

»Natürlich habt ihr uns kurz hinter dem Kaltwasser gewittert. Und ich weiß, dass wir hier nichts zu suchen haben«, antwortete Liva. »Aber ich sage es dir noch einmal: Wir wollen euch nicht stören, wir wollen zu Narzbork, weil der Wald in Gefahr ist. Menschen kommen. Und weil wir keine Zeit haben, müssen wir hier entlang.«

Silvestra erhob sich, als wolle sie sich sprungbereit machen. Sie fauchte.

»Glaub mir, um ihn musst du dir keine Sorgen machen. Deinen

Jungen droht eine viel größere Gefahr. Die Menschen, die kommen, sind viele mehr, ein Soldatenmenschenschwarm, groß wie eine Wildschweinfamilie, von hinter dem Gurgelwasser.«

Silvestra knurrte. Schlitzohr schlug mit der krallenbewehrten Tatze auf den Waldboden.

»Er gehört nicht zu ihnen«, rief Liva.

»Äh, was sagen sie?«, raunte Anders, in Erwartung, dass ihn Schlitzohr jeden Moment anspringen würde.

»Sie will, dass wir uns von ihren Jungen fernhalten«, antwortete Liva. »Und sie meinen, dass du als Mensch Gefahr genug bist und zu den Soldatenmenschen gehörst.«

»Ich? Nein«, rief Anders. »Ich will doch nur helfen.«

»Die Soldatenmenschen bedrohen den Wald, nicht Anders«, quiekte Liva. »Sie kommen mit Feuer und wollen Milva vernichten.«

Schlitzohr fuhr mit einem scharfen Fauchen dazwischen.

»Doch, das geht euch was an«, antwortete Liva. »Deswegen ist er hier.« Sie blickte Hilfe suchend zu Anders, der sofort verstand.

»Liva hat recht«, sagte er mit zitternder Stimme. »Wenn Milva den Wald nicht mehr schützen kann, sind alle seine Bewohnerinnen und Bewohner in Gefahr. Dann verliert ihr eure Heimat und müsst fort von hier, wenn ihr leben wollt. Die Menschen jagen und schlagen das Holz für ihre Häuser und Herdfeuer. Dann ist kein Platz mehr für Luchse oder Feen. Ihr könnt doch nicht einfach untätig zusehen und Milva alleine kämpfen lassen! Ihr müsst zusammenhalten, weil die Menschen euch alle bedrohen und so viele sind, dass ihr nur gemeinsam eure Heimat schützen könnt.« Er schluckte und sah von Silvestra zu Schlitzohr.

In diesem Moment glitt ein großer Schatten durch die Baumwipfel und landete auf einem kräftigen Ast direkt über Anders und Liva. Anders erkannte den Uhu sofort, der sich mit einem aufgebrachten *Huhu* einmischte. Die Luchse blickten auf und Liva rief hoch ins Geäst: »Ach, halt doch du deinen Schnabel. Er führt gar keine Menschen in den Wald. Und wir nehmen überhaupt niemandem das Futter weg.«

Aber der Uhu beugte sich vor und schimpfte unbeeindruckt in einem fort.

Silvestras Augen funkelten. Sie knurrte dazwischen.

»Er ist keiner von ihnen, ehrlich. Wir müssen alle zusammenhalten, weil wir alle in Gefahr sind«, entgegnete Liva. Sie klang verzweifelt. »Ich habe es selbst gesehen. Hinter dem Gurgelwasser. Sie kommen. Ihr müsst ihm glauben. Wir sind eine ...«

»Eine Gemeinschaft«, rief Anders über die Schimpftirade des Uhus hinweg. »Alle Feen und Tiere müssen sich zusammentun, damit keiner alleine leidet.«

Silvestras Augen blitzten. Sie fauchte erneut.

»Vielleicht findet ihr ein neues Versteck für eure Jungen«, antwortete Liva. »Und vielleicht kommen die Menschen niemals so tief in den Wald, aber – «

»Natürlich kommen sie hierher«, fuhr Anders dazwischen. »Ihr wisst nicht, wie sie sind. Menschen nehmen sich ohne Rücksicht, was sie wollen. Sie hören nicht auf, bevor sie alles haben. Für sie seid ihr nur Beute. Es kommen Jäger, mit Hunden und Fallen. Die Hunde wittern und finden euch und eure Jungen, egal wo ihr euch versteckt, und die Jäger nehmen euren Pelz.«

Schlagartig war der Uhu ruhig. Schlitzohr jaulte fürchterlich

und schlich ein paar Schritte zurück. Anders hielt die Luft an. Silvestra knurrte bedrohlich. Da stieß der Uhu ein langes heulendes *Hu* hervor. Anders sah zu Liva, die entsetzt nach oben blickte und wütend rief: »Er ist kein Menschen-Kundschafter!«

Aber da war es schon zu spät. Schlitzohr fauchte fürchterlich und schoss mit ausgefahrenen Krallen auf Anders zu. Anders wollte sich ducken, wurde aber von Liva zur Seite geschubst. Gerade rechtzeitig, denn Schlitzohr schlug ins Leere. Schon hatte sich Liva verwandelt und rammte den riesigen Luchs mit ihren Hauern. Der überschlug sich und blieb liegen. »Lauf!«, quiekte sie. »Lauf!«

~ 21 ~

In der Klamm

Anders hob den Kopf und sah, wie sich Schlitzohr jaulend auf dem Boden wälzte. Silvestra sprang vom Felsen herab, direkt auf Livas Rücken. Sie riss die krallenbewehrte Tatze zum Schlag hoch, aber Liva bäumte sich auf und schüttelte die Luchsmutter ab. »Lauf! Lauf endlich«, quiekte sie und wies mit dem Wildschweinrüssel am Luchsfelsen vorbei.

Durch Anders ging ein Ruck. Er rappelte sich auf, eilte um den Luchsfelsen herum und rannte, was seine Beine hergaben. Er jagte über den felsigen Boden, sprang über Wurzeln, duckte sich unter Ästen weg und schoss durchs Unterholz. In seinem Rücken hörte er Livas donnernden Hufschlag. Über ihm flog der unsägliche Uhu, der ohne Unterlass rief, als würde er den Verfolgern melden, wo der Menschenjunge lief. Anders blickte zurück. Dank seiner Fuchssinne hatte er die beiden Luchse schnell ausgemacht, die ihm und Liva dicht auf den Fersen waren.

Mit einem weiten Satz ging es hinab in eine mit Brombeerranken zugewucherte Senke. »Lauf!«, hörte er Livas keuchendes Quieken, begleitet vom wütenden Fauchen der Luchse und dem hetzenden

Hu des Uhus. Anders sprang über die stacheligen Ranken, die ihm in die Füße und Beine stachen, als wollten sie ihn zu Fall bringen, landete auf allen vieren und jagte fuchsgleich den Rand der Senke hinauf auf die nächste felsige Anhöhe. Rund um ihn lichtete sich der Wald und gab mehr und mehr den nachtschwarzen Himmel mit seinen funkelnden Sternen und dem silbrigen Mond frei. Er hetzte weiter durch Büsche und niedriges Gestrüpp, begleitet vom schwarzen Schatten des Uhus. Und dann, ganz plötzlich, fiel das Land vor seinen Füßen in eine steile finstere Schlucht. Anders griff in einen Busch, konnte gerade noch bremsen, sonst wäre er in die Tiefe gestürzt. Gehetzt sah er sich um. Die gegenüberliegende Seite war zu weit weg, an einen Sprung nicht zu denken. Verstecke gab es keine und der Uhu würde ihn sowieso verraten. Liva schlitterte auf die Schlucht zu. Sie rammte die Vorderhufe in den Boden und kam kurz vor der Kante zum Stehen. »Ottermist!«, fluchte sie und verwandelte sich zurück.

Anders starrte entsetzt den Luchsen entgegen, die sich mit weiten Sprüngen näherten. Er war wie gelähmt. Sie saßen in der Falle.

»Lasst uns in Ruhe. Wir sind die Falschen, die ihr angreift. Wir wollen doch den Wald retten!«, brüllte Liva vor Wut.

Die Luchse verlangsamten ihren Lauf und schlichen lauernd näher. Anders suchte den Boden ab. Er griff nach einem Stein. Silvestra fauchte.

»Er ist keine Gefahr«, erwiderte Liva verzweifelt. »Wann wollt ihr das endlich verstehen?«

Schlitzohr bellte kurz.

»Ich weiche nicht von seiner Seite. Er ist mein Freund«, spuckte ihm Liva entgegen.

»Ich will euch doch nur helfen«, schrie Anders. »Die Menschen jagen auch mich. Warum habt ihr es auf mich abgesehen?«

Da fauchte Silvestra fürchterlich und schlug mit ihrer Tatze in die Luft. Schlitzohr machte einen Satz auf Anders zu. Vor Schreck ließ Anders den Stein fallen und warf sich auf den Boden.

»Nein!«, quiekte Liva und sprang dem Luchs in den Weg. Von Schlitzohrs Wucht getroffen, taumelte sie zurück – und stürzte in die Schlucht!

»Liva!« Anders' Herz blieb stehen. Hektisch kroch er an den Rand der Schlucht, konnte sie aber in der schwarzen Tiefe nicht entdecken. »Liva! Nein!« Er spürte, wie seine Angst mit einem Mal brodelnder Wut wich. Sollten ihn die Luchse doch zerreißen, wenn sie wollten. Er sprang auf und schrie voller Zorn und Verzweiflung: »Was habt ihr getan? Sie wollte euch helfen. Ihr seid kein bisschen besser als die Menschen, ihr Mörder!« Er reckte die Faust zum Himmel. »Und du, du bösartiger Vogel? Wir wollten euch zeigen, wie man zusammenhält. Aber ihr könnt euch nur gegenseitig jagen, töten und fressen. Liva ist doch eine von euch!«

Der Uhu war schlagartig still, und die beiden Luchse hatten ihre Häupter gesenkt. Hilflos schnupperten sie an der Kante der Schlucht. Aus ihren Gesichtern war die Kampflust gewichen. Anders atmete schwer, dann spähte er wieder in die Schlucht hinab. »Liva! Liva, hörst du mich?« Im spärlichen Mondlicht war nichts zu erkennen. Er hörte klar und deutlich kräftiges Rauschen und Plätschern, das zu ihm hinaufdrang, und witterte den Duft von frischem Wasser und feuchten Steinen. Dort unten floss ein Fluss. »Das Kaltwasser?«, murmelte er.

Silvestra miaute leise.

»Vielleicht hat es ihren Sturz abgefangen. Ich muss nach unten«, sagte Anders. »Aber wie?« Ratlos blickte er zu den beiden Luchsen.

Der Uhu landete auf der anderen Seite der Schlucht und spähte ebenfalls in die Tiefe, während Silvestra sanft an Schlitzohr vorbeistrich und schnurrte. Schlitzohr erhob sich. Er schnurrte ebenfalls, blickte zu Anders und bellte kurz.

»Was?«, warf Anders wütend zurück.

Da sprang Schlitzohr auf ein Sims, das ein gutes Stück tiefer aus der Felswand ragte.

»Wir klettern?«, fragte Anders und sah zu Silvestra, die ihm mit einem Blick zu verstehen gab, dass er Schlitzohr folgen sollte. »Ja, natürlich. Schnell! Sie braucht sicher meine Hilfe.« Getrieben von der Angst um Liva, suchte er angestrengt eine Stelle, auf die er treten konnte. Zum Glück gewöhnte sich sein Fuchssinn an die Schwärze und langsam schälten sich Stufen und Simse aus der Dunkelheit, und aus der Felswand klaffende Wurzeln und Sträucher würden ihm Halt bieten. Schlitzohrs Augen leuchteten aus der Tiefe und er bellte kurz. Anders machte sich an den Abstieg.

Je tiefer er vordrang, desto lauter rauschte und plätscherte es. Bald berührten seine nackten Füße feucht-kalten Steinboden. Ein weiterer Schritt und er stand im eiskalten Kaltwasser, spürte die Strömung, die an ihm zerrte. Neben ihm knurrte Schlitzohr und funkelte ihn an. Anders sah nach oben. Silvestra schien nicht zu folgen. Egal, jetzt zählte nur Liva. »Liva?«, rief er und blickte sich um. Von seiner Freundin war nirgends eine Spur. Wo konnte sie nur sein?

Die Schlucht war nicht sehr breit, die Felsenufer nur schmal. Den Rest nahm der kräftig gurgelnde und rauschende Bach ein.

Liva war ohne Zweifel ins Kaltwasser gestürzt, und der Bach musste sie fortgespült haben. Oh nein! Hoffentlich war sie nicht schwer verletzt!

Schlitzohr bellte zwei Mal und sprang ein paar Schritte das schmale Ufer entlang.

»Ja, du hast recht«, antwortete Anders. Für Schlitzohrs Aufforderung musste er keine Luchssprache verstehen. »Folgen wir dem Bachlauf. Schnell!«

Die beiden eilten das Ufer entlang. Anders' Füße rutschten auf den glitschigen Steinen immer wieder weg, aber er konnte sich abfangen und Schlitzohr folgen. Dann sprang der Luchs auf einmal auf die andere Seite des Kaltwassers. Anders sah sofort, warum. Dort schwamm Livas Futtertasche. Anders' Herz übersprang einen Schlag. Der Pflanzengurt hatte sich an einem Felsen verfangen und die Tasche trieb am seichten Ufer. Schlitzohr schnupperte daran.

»Das ist Livas Tasche«, rief Anders verzweifelt. »Sie muss hier gewesen sein. Nimm sie mit.« Er selbst wagte den Sprung nicht. Die Ufer waren zu rutschig.

Schlitzohr nahm die Tasche ins Maul, sprang zurück und legte sie vor Anders' Füße. Der hob die Tasche auf und hängte sie sich über die Schulter. »Weiter«, sagte er. »Hoffentlich finden wir sie. Schnell!«

Bald öffnete sich die Schlucht und das Kaltwasser schoss hinaus in einen lichten Laubwald. Schnell wurde sein Lauf breiter und kurz drauf kroch der Bach träge dahin wie eh und je. Anders und Schlitzohr rannten das seichte Ufer entlang. »Viel weiter kann sie das Kaltwasser nicht getragen haben«, rief Anders, »so langsam und flach, wie es fließt.«

Schlitzohr bellte, als würde er Anders' Feststellung bestätigen.

»Sie muss irgendwo hier sein.« Anders hielt an und ließ den Blick schweifen, als mit einem Mal das aufgeregte Rufen des Uhus wieder zu hören war. Schon schoss Schlitzohr an Anders vorbei und auf einen Busch zu, über dem der Uhu kreiste. Anders eilte ihm nach. Hinter dem Busch saß Liva und hielt sich ihren Knöchel. Ihre Kleidung und Haare waren ganz nass. Anders stürzte zu ihr. »Liva! Liva, geht es dir gut?«

Das Wildschweinmädchen sah auf. »Da bist du ja endlich. Warum hast du so lange gebraucht?«

Schlitzohr ließ sich neben Liva nieder und leckte ihr über die Hand. Der Uhu glotzte stumm von einem nahen Baum. Heilfroh, dass Liva noch am Leben war, fiel Anders auf die Knie und atmete erleichtert aus. Sie hatte Schrammen im Gesicht und an Armen und Beinen. Einige bluteten. »Du bist verletzt«, sagte er. »Warte.« Er riss sich einen Ärmel vom Hemd, tauchte ihn ins eiskalte Wasser und wischte das Blut von den Wunden.

»Was machst du da?« Liva sah ihn mit großen Augen an.

»Ich versorge deine Wunden.«

»Die Schrammen sind doch keine Wunden.«

»Aber du musst dir doch bei dem Sturz alle Knochen gebrochen haben. Hast du keine Schmerzen?«

»Ich habe mich verwandelt, als ich gefallen bin. Das Wasser hat mich gefangen, und jetzt bin hier. Waldtrollige halten viel aus.« Sie stöhnte. »Nur mein Fuß, ich kann nicht gut laufen. Immer wenn ich auftrete, tut es weh.«

Anders tastete den Fuß ab. Als er den Knöchel berührte, zuckte Liva zurück. »Au! Lass das.«

Er tauchte den Ärmelfetzen ein weiteres Mal ins Kaltwasser und wickelte ihn dann um ihren Knöchel. »Nicht bewegen«, sagte er und ließ sich neben ihr nieder. »Das kühlt deinen Fuß und lindert den Schmerz, wie die Paste auf dem Blatt für meine Nase.«

»Na gut«, entgegnete Liva lächelnd. »Danke.«

Schlitzohr miaute lange und leise.

»Wirklich? Hat er das?«, fragte sie zurück. »Es freut mich, dass du deine Meinung über ihn geändert hast. Ich habe doch gesagt, dass er keiner von den Soldatenmenschen ist und uns helfen will.«

»Was hat er gesagt?«, fragte Anders.

Aber da bellte Schlitzohr kurz und senkte vor Liva sein Luchshaupt.

»Gut, ich verzeihe dir, wenn du Milva und uns hilfst«, entgegnete sie.

Der Luchs knurrte.

»Abgemacht.« Liva blickte zum Uhu hoch, der den Kopf wegdrehte und in die Ferne sah. Anders' Frage ließ sie unbeantwortet. »Ich habe Hunger. Ihr auch?«

»Hunger?« Anders nahm die Futtertasche von der Schulter. »Ein wenig.« Er zog ein Blätterpaket hervor und reichte es Liva. Dann holte er auch eines für sich heraus, öffnete es und fand einen Haufen Nüsse darin, mit Schale natürlich.

»Ach, das ist meins«, sagte Liva und reichte ihm ihr Paket.

Anders legte die ungeschälten Nüsse neben sie und öffnete das zweite Paket. Zu seiner Überraschung waren darin Nüsse ohne Schale. Lächelnd warf er sich ein paar in den Mund und Liva zwinkerte ihm zu.

»Wir müssen dem Lauf nur noch ein wenig folgen«, sagte sie, während sie krachend die Nüsse zermalmte. »Es ist nicht mehr weit zum Nebelwasser.«

»Sobald du wieder laufen kannst«, antwortete Anders. »Hoffen wir, dass der Schmerz schnell nachlässt.«

Schlitzohr schnurrte.

»Ach das wird schon«, sagte sie. »Ich fühle mich sicher gleich besser. Wir Waldtrollige werden schnell wieder heil.«

~ 22 ~

Am Nebelwasser

»Was meinst du?«, fragte Anders. »Können wir weiter? Es zählt jeder Moment bis die Sonne aufwacht.«

Liva fuhr mit der Hand über ihren Knöchel. »Ja, ganz sicher.« Als sie sich aber erhob und einen Schritt wagte, stöhnte sie. Ihr Gesicht verriet, dass der Fuß schmerzte. »Es wird schon gehen. Nur ein paar Schritte.«

»So kommen wir nicht schnell voran.« Anders kratzte sich ratlos am Kopf. »Ich kann dich stützen, aber das macht uns nicht schneller.«

Schlitzohr trat neben Liva, stupste sie in die Seite und schnurrte tief aus dem Bauch heraus.

»Bin ich dir nicht zu schwer?«, fragte sie.

Der Luchs schnaubte verächtlich.

»Na gut. Wir müssen es versuchen«, sagte sie und stieg auf seinen Rücken. »Also, los.«

Da meldete sich der Uhu. Liva blickte in den Baum. »Deine Beute ist mutig genug, uns zu helfen. Sie sucht Tiere für unser Zusammentun. Das kannst du auch, weißt du?«

Der Uhu drehte den Kopf zur Seite und schwieg. Dann breitete er plötzlich seine Schwingen aus und erhob sich mit einem kurzen *Hu* in den Nachthimmel.

»Er wird uns nicht helfen, oder?«, fragte Anders.

Liva zuckte mit den Schultern und wandte sich an Schlitzohr. »Was ist mit Silvestra?«

Der Luchs miaute lange.

»In Ordnung«, antwortete Liva.

»Was hat er gesagt?«

»Dass sie sich um die Jungen kümmert und er etwas gutzumachen hat.«

Anders atmete erleichtert aus. Schlitzohr war eine willkommene Hilfe und konnte sicher mehr gegen die Soldaten ausrichten als die kleine Maus. Und wenn ein mächtiger Luchs wie er ihnen half, konnten sie bestimmt noch einige Tiere mehr überzeugen.

Die drei folgten dem Kaltwasser. Schlitzohr trug Liva und Anders trottete nebenher. Schnell kamen sie nicht voran, aber immerhin ging es weiter. Anders lauschte, ob schon die ersten Vögel die Sonne wecken wollten, aber noch begleitete sie nur das nächtliche Zirpen der Grillen.

Der Bach wurde immer breiter und seichter und der Waldboden feuchter und sumpfiger. Das Kaltwasser schien sich zu verlieren. Anders' und Schlitzohrs Schritte schmatzten, egal wo sie hintraten, und in den Abdrücken sammelte sich das Wasser. Die Bäume lagen bereits hinter ihnen. Nun stapften sie über morastiges Moos und durch hohes Schilf. Kurz darauf konnte Anders einen dunklen vom Mondlicht beschienenen See durch die Schilfhalme erkennen. Über dem spiegelglatten Wasser waberten silbrige Fetzen, und aus der Mitte des Sees schimmerte eine Insel voller Tannen durch den Nebel, als würde sie aus einer fernen Geisterwelt grüßen. Bis auf das Glucksen des Sees und vereinzelte tief-knorrige Froschlaute war es still.

»Da ist er«, flüsterte Liva. »Der Nebelsee.« Sie bat Schlitzohr anzuhalten, und stieg ab. Es schien, als würde ihr das kaum noch Schmerzen bereiten.

»Besser?«, fragte Anders.

»Was ist besser?«

»Na, dein Fuß. Tut er nicht mehr weh?«

Liva sah an sich hinunter und schüttelte den Kopf. Sie machte ein paar vorsichtige hinkende Schritte durch den Morast. »Schon besser.«

Anders lächelte erstaunt. Waldtrollige steckten Verletzungen ja gut weg.

Dann ließ sich Liva auf die Hände fallen, verwandelte sich und stampfte ein paar Mal mit den Hufen auf. »Auch gut«, grunzte sie und grinste, dass ihre Hauer hervortraten.

»Wer oder was ist Narzbork eigentlich?«, wechselte Anders das Thema.

»Ein Baumwandler«, quiekte Liva. »Er sieht wie ein Baum aus, ist aber keiner.«

Schlitzohr schnurrte kaum hörbar.

»Du hast gesagt, dass er keine Menschen mag und nicht sehr freundlich ist.«

»Keine Angst. Du bist ja ein Halbfeenjunge.«

Anders lächelte gequält. Er konnte nur hoffen, dass dieser Narzbork das auch so sah.

Grunzend reckte Liva den Rüssel in die Höhe. »Lass uns zur Insel schwimmen. Narzbork ist sicher da drüben.«

Schlitzohr verzog sein Gesicht und schnaubte.

»Schwimmen?« Anders schluckte. »Ich weiß nicht, wie das geht.«

Liva sah ihn erstaunt an. »Das ist nicht schwer. Kann jeder. Du legst dich rein und hältst den Kopf über Wasser. Mit deinen Armen und Beinen machst du einfach, als würdest du laufen.« Sie grunzte ermutigend.

»Aber, dann bin ich doch ganz nass.«

Schlitzohr fauchte, als würde er Anders beipflichten.

»Einfach schütteln, ganz wild.« Liva grinste breit.

»Und meine Kleidung?«

Liva sah ihn verständnislos an.

»Die muss ich doch ausziehen, damit sie trocken bleibt.«

»Warum?«

»Was glaubst du, wie lange es dauert, die trocken zu schütteln?« Anders sah sich ratlos um. Da fiel ihm ein kräftiger, beinlanger Ast auf, der im Schilf lag, und er hatte eine Idee. Am Ende verzweigte sich der Ast in drei dünnere Äste, in die Anders die Kleidung und die Futtertasche legen konnte. Wenn er den Ast im Wasser vor sich herschob, blieben die Sachen halbwegs trocken. Glücklich zog er den Ast hervor. »Schaut, der wird mir helfen.«

Liva sah ihn immer noch verständnislos an und Schlitzohr legte den Kopf schief.

»Ihr werdet schon sehen.« Anders trug den Ast zum See. Schon nach wenigen Schritten sanken seine Füße so tief in den weichen Morast, dass er Mühe hatte, sie wieder herauszuziehen.

»Warte«, grunzte Liva und schnüffelte über den Boden. »Hier!«
Sie machte einen langen Schritt auf einen Mooshügel. Durch ihr
Gewicht trat das Wasser aus dem Moos schäumend an die Ober-
fläche, aber ihr Huf sank kaum merklich ein.

Anders folgte ihr, so gut es ging. Es war nicht immer ganz
leicht, auf den schmalen Mooshügeln das Gleichgewicht zu halten. Und der Ast tat sein Übriges, um ihn ins Schwanken zu bringen. Schlitzohr sprang hinterher. Schritt für Schritt führte Liva die
beiden über festen Boden näher an den See heran. »Weiter wird
es nicht gehen. Jetzt müssen wir schwimmen«, quiekte sie. »Denk
daran, einfach ins Wasser und auf allen vieren laufen.« Mit einem
Satz sprang sie in das Seerosendickicht vor ihnen, dass es nur so
spritzte, und paddelte quiekend ein Stück auf den See hinaus.

Anders atmete tief durch. Vorsichtig legte er den Ast in die Seerosen und hängte die Futtertasche ins Geäst. Dann balancierte er
auf einem Bein, zog das andere aus der Hose und machte es danach umgekehrt. Als Nächstes folgten Hemd und Unterhose. Kurz
darauf stand er splitternackt auf dem letzten moosigen Stückchen
Land und verstaute behutsam das Kleiderbündel im Geäst, immer bedacht, dass das Gewicht den Ast nicht zum Kippen brachte.
Auch wenn es eine Sommernacht war, Anders fröstelte. Er sah zu
Schlitzohr, der seinerseits wohl auch nicht viel fürs Schwimmen
übrighatte. Dann streckte er langsam einen Fuß in den See, zog
ihn aber sofort zurück. »Das ist ja so eisig wie das Kaltwasser.«

Liva lachte grunzend. »Daran gewöhnst du dich. Du musst nur
strampeln. Kommt schon, ihr beiden.«

Anders schluckte. Na gut, es musste ja sein. Er setzte einen Fuß
vor den anderen, prustete und fluchte vor Kälte. Seine Füße ver-

sanken im schlammigen Seegrund. Schritt für Schritt stolperte er immer weiter ins kalte Nass. Den Ast versuchte er so gut wie möglich mit seiner rechten Hand mitzuschieben, froh, dass er sich zumindest an etwas festhalten konnte. Er blickte noch einmal zurück. Schlitzohr hatte sich auf dem letzten Mooshügel niedergelassen und wartete. Warum kam er nicht? »Schlitzohr«, rief Anders, doch da fand sein Fuß plötzlich keinen Seegrund mehr. Er tauchte ins brauntrübe Wasser. Um ihn herum wurde es still. Die Luft blieb weg. *Strampeln*, schoss es ihm durch den Sinn, *einfach laufen, auf allen vieren.* Er strampelte, so gut er konnte. Seine Rechte krallte sich an den Ast, doch der drohte ihm aus der Hand zu rutschen. Da war wieder Seeboden! Nicht mehr so schlammig, fester, felsiger. Anders stieß sich hoch. Er schoss aus dem Wasser, sog die Luft in seine Lungen, ruderte und strampelte prustend. Der Ast! Schon glitt er ihm aus der Hand und es ging wieder nach unten. Da schob sich weiches Fell unter seinen Arm. Krampfhaft hielt Anders sich fest. Sein Atem ging schnell. Er strampelte weiter.

»Richtig laufen«, hörte er Liva von weiter vorne grunzen und spürte überrascht, dass Schlitzohr an seiner Seite war. Er atmete sofort ruhiger. Die eisige Kälte des Wassers hatte er völlig vergessen. Aber wo war der Ast?

»Schön, oder?«, quiekte Liva.

Anders antwortete nicht. Zu seiner Erleichterung sah er, dass sie den Ast vor sich herschob, immer auf die dunkelgrüne Insel zu, die sich langsam aus dem nächtlichen Nebel schälte. Sie war viel größer als vermutet. Dicht an dicht standen die Tannen, und immer deutlicher gab der Nebel die langen Äste mit den dunkelgrünen Nadeln preis, die bis auf den Boden hingen. Zwischen den Tannen wucherten Johannisbeersträucher und präsentierten im bleichen Mondschein ihre hellroten Früchte. An Schlitzohr hängend strampelte Anders auf das schmale steinige Ufer zu. Endlich spürte er wieder Seegrund unter den Füßen. Er ließ vom Luchs ab und schob sich ans Ufer. Schlotternd stieg er aus dem Nass und zog den Ast an Land. Zum Glück waren das Kleidungsbündel und die Futtertasche einigermaßen trocken geblieben. Mit einem Lächeln nickte er Schlitzohr dankend zu und begann dann, sich das Wasser aus den Haaren zu wringen und vom Körper zu streifen.

Liva und Schlitzohr stapften ebenfalls ans Ufer und schüttelten Borsten und Fell so kräftig, dass es fürchterlich spritzte.

»He!« Anders sprang zur Seite. »Ihr macht mich ja wieder ganz nass.« Zerknirscht sah er zu Liva und Schlitzohr. »Wenn ich mich nur so schütteln könnte wie ihr.«

»Kannst du doch«, entgegnete das Wildschweinmädchen. »Ganz einfach. Schau.« Sie schüttelte sich hin und her.

Anders versuchte, es ihr gleichzutun. Mit Haaren und Kopf klappte es ja noch ganz gut, auch wenn ihm dabei ziemlich schwindelig wurde. Aber der Körper? Mehr als ein wirres Zappeln brachte er nicht zustande. Seine Beine und Arme warf er mal dahin und mal dorthin, während sein hagerer Körper vor sich hin hampelte. Aber der wilde Tanz half. Und auch wenn Liva lauthals lachte, was mehr wie ein grunzendes Quieken klang, Anders war schon ein wenig trockener. Schnell zog er sich die Kleidung über und hielt dann die Futtertasche hoch, in der noch ein Blattpaket ruhte. »Lasst uns den Rest essen, ich bin hungrig.« Er öffnete das Paket mit den dunklen Beeren.

Liva verwandelte sich zurück, und im Handumdrehen stand wieder das wilde Mädchen mit den dunkel- und hellbraunen Haaren vor ihm. »Ja, lass uns noch welche davon nehmen.« Sie beugte sich über die Johannisbeeren.

Schlitzohr miaute kurz und verschwand im Dickicht, auf der Suche nach etwas, das ihm schmecken würde.

Wenig später streckte sich Anders. Er war halbwegs satt und musste gähnen. Seit Milvas Höhle hatten sie eine beträchtliche Strecke zurückgelegt – und das im Dauerlauf! Und die Luchsjagd und die Angst um Liva hatten ihn Kraft gekostet, vom Schwimmen durch den Nebelsee ganz zu schweigen. Ermattet legte er sich in den sandigen Uferkies und blickte zu den Sternen. »Lass uns einen Augenblick ausruhen, bevor wir Narzbork wecken. Nur kurz durchschnaufen.« Er schloss die Augen. »Nur kurz, ja?«

Liva legte sich neben ihn und atmete tief durch. »Ja, kurz.«

~ 23 ~

Narzborks Insel

Etwas Feuchtes strich über Anders' Augen. Erschrocken fuhr er auf. Schlitzohr saß bei ihm und funkelte ihn an. »Was ist?«, fragte Anders verdattert.

Der Luchs schnurrte leise.

Anders verstand nicht. Er blickte sich um. Vor ihm lag der stille See. Durch die Nebelfetzen konnte er das gegenüberliegende Ufer mit dem Schilf, dem morastigen Kaltwasser und Milvas Wald erahnen. »Richtig«, murmelte er. »Narzbork, die Insel.« Sein Blick ging zur Seite, wo sich Liva zusammengerollt und ihre Beine angezogen hatte. Sie atmete ruhig. Ihre Schrammen waren nur noch zu erahnen. Schlitzohr schleckte nun auch ihr übers Gesicht. Sie kicherte, schlug die Augen auf und gähnte. »Haben wir geschlafen?«

»Ja, ich glaube schon.« Anders traf der Schlag. »Wie lange?« Er sah zum Himmel, der noch immer schwarz war. Mond und Sterne waren fort. Anders sprang auf. Der Kies unter seinen Füßen knirschte. Er schnupperte, lauschte. Das glucksende Seewasser, die frische Brise, die den harzigen Geruch der Tannen mit sich

 168

trug, Liva, Schlitzohr, nichts war ungewöhnlich. Da zerriss ein Vogelschrei die Stille. Vereinzelt und leise folgte weiteres Zwitschern, mal ferner, mal näher. Hatte nicht Liva gesagt, dass der Tag anbrach, wenn die Vögel singen? Anders schluckte. »Wir haben zu lange geschlafen! Das wollten wir nicht.«

Liva streckte sich und blinzelte.

»Komm schon«, rief Anders. »Die Sonne steht auf. Wir müssen Narzbork finden.«

Mit einem Mal schoss auch Liva hoch. »Was?«

Schlitzohr sah zwischen den beiden hin und her.

»Die Vögel singen schon. Mond und Sterne sind auch fort.«

Liva blickte zum Himmel. »Wolken.«

»Wolken?« Anders stutzte und stammelte: »Trotzdem, wenn der Morgen graut, werden auch die Soldaten wach. Wir müssen Narzbork finden, sonst steht Milva alleine da.« Er hängte sich die leere Futtertasche um und blickte ein wenig ratlos auf das Tannendickicht. »Aber wie sollen wir ihn finden, wenn er wie ein Baum aussieht?«

Liva hob ihre Nase in die Luft und schnupperte, ganz so, als wäre sie noch ein Wildschwein. »Nichts«, murmelte sie und rief dann plötzlich: »Narzbork, wo bist du? Wir brauchen deine Hilfe!«

Die drei spähten ins dunkle Dickicht, aber kein Baumwandler trat hervor.

»Vielleicht ist er auf der anderen Seite der Insel«, sagte Anders. »Warst du schon einmal hier? Weißt du, wie wir da am besten hinkommen?«

Liva schüttelte den Kopf. Schlitzohr miaute. Er war auch noch nie hier gewesen.

»Dann gehen wir einfach los«, schlug Anders vor. »Sag dem Dickicht, dass es uns den Weg frei macht.«

Liva seufzte. »Hier hören alle nur auf Narzbork.«

»Hm.« Anders überlegte. »Wenn wir uns durch das Dickicht schlagen, dauert das ewig. Lasst uns am Ufer entlanggehen. Vielleicht stehen die Tannen ja irgendwo nicht so dicht.«

Zum Glück hinkte Liva nicht mehr. Ganz ohne Schmerzen lief sie das schmale sandige Kiesufer entlang, das hier und da abbrach. Dann reichte der See bis an die Bäume, und Liva, Anders und Schlitzohr mussten durch das seichte braun-grüne Wasser waten. Immer mehr Vögel stimmten in das morgendliche Konzert ein und weckten gemeinsam mit ihrem Trällern die Sonne. Anders versuchte, sich davon nicht ablenken zu lassen. Er richtete seine Sinne auf das Dickicht.

Die drei kamen schnell voran, aber die Insel war viel größer, als es auf den ersten Blick schien, und das Dickicht überall undurchdringlich. Langsam wich das nächtliche Schwarz einem dunkelgrauen wolkenverhangenen Morgenhimmel, als zu allem Überfluss auch noch ein großer Felsbrocken den Weg versperrte. Der war vielleicht zweimal so hoch wie Anders und ragte gut vier lange Schritte in den See hinaus. »Da müssen wir rüberklettern«, sagte Liva. Schlitzohr war bereits mit zwei schnellen Sätzen den Felsen hinaufgesprungen. Geschickt kletterte sie ihm nach.

»Die Zeit wird immer knapper«, murmelte Anders. »Hoffentlich stehen die Soldaten nicht schon am Gurgelwasser.«

»Na, dann komm«, antwortete Liva. Sie reichte ihm eine Hand und half ihm hinauf. Als Anders oben angekommen war, miaute Schlitzohr lang gezogen und lenkte Anders' Blick auf eine Stelle ganz in der Nähe, wo die Bäume nicht so dicht standen. »Eine Schneise«, rief Anders. »Vielleicht geht es da ins Innere.«

Schlitzohr sprang auf den Kiesstrand, Liva rutschte den Felsen hinab und Anders eilte den beiden nach, auf die Schneise zu, die wie eine schmale Gasse vom Ufer weg ins Herz der Insel führte. Auf ihr wuchs hohes Gras durchzogen von unzähligen bunten Blumen. »Endlich.« Liva lächelte und stellte sich mitten in die Schneise. »Narzbork! Wo bist du?«, rief sie aus voller Brust, aber niemand antwortete.

Die Vögel zwitscherten und trällerten jetzt so laut und vielstimmig, als wäre der Höhepunkt des Morgenkonzerts erreicht. Anders blickte zum Himmel, wo die Wolken sanft leuchteten. Es wurde heller. Der Tag brach an. »Lass uns lieber schnell weiter«, raunte er und folgte der Schneise, als ihn plötzlich etwas in den Fuß stach. Er heulte auf, strauchelte und stürzte.

»Was ist?«, rief Liva.

Schlitzohr und sie kamen zu ihm gelaufen. Aber Anders hatte gar keine Zeit, seinen Fuß zu untersuchen, geschweige denn zu antworten. Plötzlich brannte seine Lunge ganz fürchterlich. Er sah zu Liva und dem Luchs, als alles um ihn herum schwarz wurde. Er griff sich an die Augen. Mit einem Schlag war es wieder viel dunkler geworden, als würde der Tag doch nicht anbrechen. Die Tannen waren nicht mehr als eine grau-schwarze Wand. Von den bunten Blumen blieb gerade mal eine schwache Silhouette, die er nur mit Mühe vom übrigen Gras unterscheiden konnte. Schlitzohrs Augen funkelten ihn an, aber der Luchs schien von der Dunkelheit verschluckt.

Da schälte sich Liva aus dem finsteren Morgengrauen und

171

beugte sich über ihn. »Geht es dir gut?« Ihre Stimme drang dumpf durch das schrille Vogelzwitschern. Sie packte seinen Arm und zog ihn hoch.

Anders wurde schwindelig. Er hustete. Es war, als bekäme er nicht genug Luft, als könne er nicht frei atmen. Die Luft drang gar nicht bis in den Bauch. »Ich weiß nicht«, presste er heißer hervor und rieb sich die kratzende Kehle. Der Inselboden pikste ihn unangenehm in die Füße. All das, was er gerade noch klar und deutlich hatte hören und riechen können, mischte sich zu einem harzig-erdigen Hauch und einem lauten Gemisch aus Trällern, Pfeifen und Zwitschern. Er musste die Augen zusammenkneifen, um Liva sehen zu können.

Schlitzohr bellte einmal kurz.

»Es ist vorbei«, sagte Liva niedergeschlagen. »Der Fuchs hat ihn verlassen.«

Enttäuscht ließ Anders den Kopf hängen. »Ich hätte nicht schlafen dürfen. Verdammt. Jetzt habe ich nichts mehr von euch. Narzbork wird mich von der Insel schmeißen.«

Schlitzohr fauchte und Liva sah Anders ernst an. »Das können wir jetzt nicht ändern. Na, komm. Wir müssen ihn wecken.«

Langsam ließ der Schwindel nach und die Enge in Anders' Brust schwand. Er atmete tief durch. »Aber barfuß bin ich zu langsam.«

»Ich trage dich«, antwortete Liva und ließ sich auf die Vorderläufe fallen. »Steig auf!«

Kurz darauf trabten die drei auf das Herz der Insel zu. Die Schneise war nicht viel breiter als ein Wildschwein. Immer wieder musste sich Anders ducken, weil die Äste der umstehenden Tannen ausladend in den Weg hineinhingen. Schlitzohr miaute kaum merklich.

»Du hast recht«, grunzte Liva und wurde langsamer.

»Was ist?«, fragte Anders.

»Die Vögel, sie sind nicht hier, nur am anderen Ufer, meint Schlitzohr. Hier ist es viel ruhiger.«

Anders hielt die Luft an und lauschte. Die Vogelstimmen waren wirklich ferner und ringsum regte sich nichts.

»Irgendwie finde ich diesen Weg hier auch sehr gerade«, quiekte Liva leise. »So was kenne ich nicht aus Milvas Wald. Gerades gibt es bei uns nicht.«

»Bäume?«, antwortete Anders.

»Von denen ist keiner gerade.«

Anders kniff die Augen zusammen und sah die Schneise zurück. Seine Augen gewöhnten sich langsam an das Zwielicht des Morgengrauens. »Sieht wie eine Gasse in einer Stadt aus.«

»Eine was?«

»Nicht so wichtig«, raunte er. »Weiter.«

Bald darauf mündete die Schneise in eine kleine Lichtung. Liva und Schlitzohr stoppten ihren Lauf, und Anders stieg ab. Vorsichtig setzte er seine Füße auf den feucht-kühlen Boden. Zwischen seinen Zehen sammelte sich Wasser, aber er versank nicht. Am gegenüberliegenden Rand der Lichtung erhoben sich schwarze Schatten zwischen den Bäumen.

»Was ist das?«, quiekte Liva.

»Sieht aus wie Mauern, von Häusern«, antwortete Anders. »Aber ich kann es nicht gut erkennen.« Langsam näherte er sich, als er plötzlich in Wasser trat. Sein Bein versank bis zum Knie.

173

Schnell zog er es zurück. Vor ihm, im Halbdunkel, warf der Boden Wellen.

»Ein Teich«, murmelte Liva, die sich zurückverwandelt hatte und an seine Seite getreten war. »Das Wasser ist ganz zugewachsen mit Seerosen und Wasserlinsen. Den hätte ich sicher auch bei Sonnenschein übersehen.«

Schlitzohr legte sich an den Rand des Teichs, trank ein wenig und knurrte.

»Das Wasser ist gut«, übersetzte Liva und beobachtete die Wellen, die schnell abebbten. »Er ist nicht sehr groß, kaum größer als Johan-Menschs kleines Holzhaus. Komm!« Sie nahm Anders bei der Hand und führte ihn um den Teich herum.

Auf der anderen Seite standen wirklich im Halbkreis Hausruinen zwischen den Bäumen. Die Mauerreste waren kaum höher als bis zu Anders' Scheitel. Und die Steinbrocken, aus denen sie einst aufgeschichtet worden waren, überzogen längst Moose und Flechten. Aus den Fenstern und Türöffnungen wucherten Brombeerranken und allerlei anderes Gestrüpp. Holzläden oder Türen gab es nicht mehr. Und von den Dächern war auch nichts zu entdecken. »Jetzt verstehe ich, warum die Schneise so gerade ist«, sagte Anders. »Sie war mal ein Weg, der von diesem Ort hier bis zum Ufer führte.«

»Aber Häuser machen Menschen«, quiekte Liva erstaunt.

»Sie müssen alt sein. Der Weg ist vollkommen überwuchert und von den Häusern sind nur noch die Mauern da. Schau, durch die Dächer sind schon Bäume gewachsen.« Er zeigte auf eines der Häuser, aus dessen Mitte eine Tanne ragte. Erst auf den zweiten Blick entdeckte Anders, dass hinter den drei Ruinen eine weitere stand, die gänzlich vom Wald verschluckt worden war. »Hier müssen mal Menschen gelebt haben.«

Schlitzohr fauchte.

»Genau«, entgegnete Liva. »Kann nicht sein, nicht in Milvas Wald, nicht auf Narzborks Insel.«

»Aber Feen bauen doch keine Häuser, oder?«, fragte Anders, trat an die nächste Mauer heran und fuhr mit der Hand über die Steine. »Also müssen hier – «

»Psst!«, unterbrach ihn Liva scharf. »Er ist hier gewesen«, flüsterte sie und sah sich um. »Da ist Feenhauch in der Luft, ganz leicht.«

Schlitzohr schlich drei Schritte zurück und duckte sich ins Gras.

»Er war hier?«, stammelte Anders und blickte über den Teich zurück zur Schneise. »Wie lange ist das her?«

»Vielleicht ist er auch noch da«, antwortete Liva ganz leise, während ihr Blick den Rand des Dickichts streifte.

Anders schluckte. Er atmete tief durch, als ihn plötzlich ein fürchterlich fester Griff schmerzhaft im Nacken packte. Schon wurde er mit einem Ruck wie eine gepflückte Blume in die Höhe gerissen und wirbelte nur einen Wimpernschlag später durch die Luft.

~ 24 ~

Narzbork

»Hilfe!«, schrie Anders, während er mit rudernden Armen durch die Luft flog und im nächsten Augenblick in den Teich klatschte. Kalt und nass begrüßte ihn das Wasser, das in alle Richtungen spritzte. Von Panik ergriffen strampelte er so, dass sich seine Arme und Beine in den Seerosen verfingen. Prustend rang er nach Luft, während sich seine Kleidung vollsog und ihn hinabzog. Schon tauchte er unter. Sein Schreien wurde zu Gurgeln und Blubbern, und das grün-braune Teichwasser samt Seerosenblättern schloss sich über ihm. Zum Glück war der Teich nicht tief. Schnell spürte Anders den schlammigen Grund, stieß sich ab und war schon wieder an der rettenden Oberfläche. Keuchend sog er die Luft ein und zog sich an den Seerosen entlang zum Ufer, bis seine Knie Halt fanden.

»Anders, Anders!« Livas besorgte Stimme drang an sein Ohr. Dann klang sie plötzlich wütend. »Warum hast du das gemacht?«

Anders stutzte. Er wischte sich das Wasser aus den Augen und die klatschnassen Haare samt Wasserlinsen und Seerosen aus dem Gesicht. Liva stand breitbeinig vor der Mauer, bei der auch er eben noch gestanden hatte, und schrie eine riesige Tanne an. Schlitzohr war an ihrer Seite, bereit zum Sprung. Es schien, als beuge sich die Tanne zu den beiden hinab. Sie hatte kräftige Äste, wie Arme, die in langen dürren Ästen endeten und an Finger erinnerten. Einer zeigte auf Anders. Der andere hielt mit seinen Astfingern Zweige am Wipfel zur Seite, als würde sich der Baum eine Haarsträhne aus dem Gesicht schieben, um besser sehen zu können. Dann ertönte ein tiefes brummendes Knarzen, das Anders' Bauch und Herz vibrieren ließ: »Das ist ein Mensch!«

Anders starrte den Baum mit großen Augen an, der ohne Zweifel Narzbork sein musste.

»Aber, er hat dir nichts getan«, entgegnete Liva wütend. Sie stemmte ihre Fäuste in die Seiten.

»Der hat hier nichts zu suchen«, ächzte Narzbork. »Das ist mein Hain, und Menschen sind wie Blitz und Feuer. Warum bist du bei ihm, Bärenspross? Weiß Lamilivasursamilva davon?«

»Natürlich. Milva schickt uns ja.«

Narzbork wandte sich schlagartig zu Anders, dem beim Blick des Baumwandlers der Atem stockte. Der Stamm war breiter als bei den anderen Tannen. In der knorrigen Borke saßen zwei smaragdgrün schimmernde Augen in tiefen Löchern, um die herum sich die Rinde wulstig verdickte. Nicht weit darunter klaffte ein tiefschwarzes Astloch, das sich gähnend öffnete wie bei einem Menschen, der einen ängstlichen Schrei von sich gab. Narzbork ließ den Zweighaarschopf los. Die grünlich schimmernden Augen verschwanden hinter einem Vorhang aus Nadeln. Dann riss er plötzlich einen Teil seines Stammes hoch und stapfte mit zwei langen Schritten an den Rand des Teichs. Die Erde zitterte und das

Wasser warf Wellenkreise. Anders rutschte das Herz in den Magen. Panisch schob er sich rückwärts in den Teich. Aber Narzborks Schritte waren lang. Es platschte und spritzte, als er in den Teich stieg. »Der Mensch kommt nicht in meinen Hain. Vorher drücke ich ihn tief in die Erde, wo er zu Nahrung verfaulen soll«, dröhnte dumpf Narzborks Stimme, während seine Armäste auf Anders zuschossen.

Anders hielt die Luft an. Er wollte vor Angst untertauchen, als Liva rief: »Das wirst du nicht tun, hörst du? Sonst – «

»Sonst was, Bärenspross?« Narzbork hielt inne und drehte sich zu ihr, dass die Äste nur so wippten. »Menschen sind wie borkefressende Käfer. Ich muss ihn zerdrücken.«

»Aber Anders ist nicht gefährlich. Er ist nicht nur Mensch, er ist auch Fee, ein Halbfeenjunge.«

Narzbork drehte sich wieder ächzend zu Anders, der am ganzen Leib zitterte, und betrachtete ihn. »Kein Hauch.«

»Doch, aber nur leicht. Er war zu lange bei den Menschen«, antwortete Liva bestimmt.

Narzbork stöhnte und machte einen weiteren Schritt auf Anders zu. Wellen schwappten über Anders hinweg.

»Wir müssen mit dir reden, Narzbork«, fuhr Liva fort. »Menschen sind vor Milvas Wald …«

»Das ist nicht ihr Wald«, ächzte der Baumwandler und wandte sich wieder Liva zu.

Anders sah sich um. Vielleicht konnte er sich an den Seerosen entlang ans andere Ufer ziehen, um dem Baumwandler zu entkommen? Nein, das war aussichtslos. Narzbork musste sich nur vorbeugen, um ihn aus dem Teich zu fischen.

»Na gut, unser Wald«, antwortete Liva. »Aber sie kommen mit Feuer. Ganz viele! Groß wie eine Wildschweinfamilie.«

»Die drücke ich in die Erde«, knarzte Narzbork. »So wie diesen.« Sein Blick traf wieder Anders. »Ganz tief soll er faulen.«

»Tu ihm nichts. Er gehört zu uns und tut dir auch nichts«, rief Liva. »Aber die anderen, die kommen. Sie sind so viele, dass Milva sie nicht aufhalten kann. Deswegen sind Anders, Schlitzohr und ich hier. Hilf uns! Feen helfen Feen. Das weißt du doch.«

Der Baumwandler fixierte Anders mit seinen smaragdgrünen Augen. Anders atmete schnell. Da schoss plötzlich Narzborks Armast auf ihn zu. Anders japste. Die Asthand tauchte ins Wasser. Schon spürte er den kräftigen Griff um seinen Bauch und wurde wieder in die Höhe gerissen. Narzbork wollte ihn sicher gleich wieder hineintunken. Aber er holte Anders zu sich heran, direkt zwischen seine Zweige und Äste. Die dürren Zweige knackten, während die kräftigeren Anders stachen und piksten. Narzbork zog ihn direkt zu seinem großen, gähnenden Astlochmund und schob Anders' Schulter hinein. *Jetzt frisst er mich*, schrie Anders innerlich, brachte aber nur ein ängstliches Keuchen hervor. Doch Narzbork biss nicht zu. Es fühlte sich eher an, als würde er an Anders saugen. Anders spürte ein unangenehmes Ziehen in Arm und Schulter, mehr nicht. Dann hob ihn Narzbork vor seine Smaragdaugen und betrachtete ihn. »Mmh«, ächzte er langsam. »Schmeckt wie eine Fee. Nicht viel, aber wie ein Windhauch, der mir von den anderen erzählt. Bist du wirklich Halbfee?«

Anders wusste nicht, wie ihm geschah. Er nickte nur heftig und schob sein Haar beiseite.

Narzbork knarzte noch einmal: »Bist du ein Halbfeenjunge?«,

dass Anders' Kopf nur so dröhnte und er benommen in Narzborks Zweigklauen hing.

»Er wollte dir seine Ohren zeigen«, rief Liva. »Die sind spitzer als die von Menschen.«

Narzbork brummte und zog Anders näher zu seinen Augen. Mit knarzendem Stöhnen betrachtete er den Jungen. Dann stapfte er prompt ans Ufer und setzte ihn ab. Erschöpft brach Anders zusammen. Mit einem schnellen Sprung war Schlitzohr bei ihm und stellte sich fauchend zwischen ihn und den Baumwandler.

»Alles in Ordnung?«, rief Liva und half Anders auf.

Anders lächelte schwach.

»Warum stehen diese Menschen vor meinem Hain?«, knarzte Narzbork.

»Sie wollen Milva vernichten«, rief Liva.

Anders nickte zaghaft und Schlitzohr knurrte.

»Das ist nicht meine Sache«, knarzte Narzbork.

»Oh doch! Milva schützt den Wald vor den Menschen, damit die nicht …« Sie blickte Hilfe suchend zu Anders, der schwer atmete.

»Damit sie keine Tiere jagen und Holz schlagen«, vollendete er Livas Satz. Dann zog er sein klatschnasses Hemd aus und versuchte, das Teichwasser aus dem Stoff zu wringen und zu drücken.

»Hierher kommt kein Mensch«, ächzte Narzbork.

»Sie werden viele sein«, keuchte Anders immer noch ein wenig heiser. Er zog nun seine Hose aus und versuchte, auch aus ihr das Wasser zu drücken. »Milva kann ihnen alleine nicht die Stirn bieten. Da kommen dreißig Mann.«

»In meinen Hain kommt kein Reisigmann«, knarzte Narzbork wieder. »Und wenn, breche ich ihn.«

 180

Schlitzohr sah zu Anders und knurrte leise.

»Weil ihr ihm geholfen habt«, ächzte der Baumwandler. »Alleine hat das noch nie einer gewagt.«

»Weil Milva ihren Wald beschützt und die Menschen fernhält!«, rief Liva.

»Sie nennen sie ›Bärenmutter‹ und erzählen sich Schauergeschichten über sie. Deswegen kommen sie nicht«, sagte Anders. »Aber die, die jetzt kommen, haben keine Angst vor einem Bären.«

Narzbork blickte ihn stumm an.

»Ich kenne die Menschen. Ich habe lange bei ihnen gelebt. Sie haben keinen Respekt vor dem Wald. Sie werden mit Feuer und Äxten kommen.« Anders sah zu den alten Steinmauern hinüber. »Sie werden Milva und Liva fangen und hierherkommen und wie die, die hier waren, Bäume umschlagen.« Er nahm seinen ganzen Mut zusammen und ging zur nächsten Steinmauer, um seine nassen Kleider aufzuhängen. Narzborks Blick folgte ihm.

»Sie werden die Bäume zersägen«, fuhr Anders fort, »um neue Häuser zu bauen. Sie werden Baumstücke verbrennen, um Kohle zu machen. Und sie werden Tiere jagen und töten, um sie zu essen und ihre Haut anzuziehen.«

Narzbork stand regungslos da, ließ schlaff die Armäste hängen und hörte Anders gebannt zu.

»Und dann«, Anders drehte sich splitterfasernackt wieder zu Narzbork, »schlagen und zersägen sie noch mehr Bäume und machen Boote und Käfige für die Tiere daraus, die sie dann von hier wegschaffen.«

Narzbork stöhnte entsetzlich. »Hier waren keine Menschen, noch nie.«

»Und was ist das?« Anders zeigte auf die Ruinen.

»Das ist schon so, seit ich hier bin«, knarzte Narzbork und machte einen Schritt auf die Ruinen zu.

»Es gibt keine geraden Steinhaufen in Milvas Wald«, sagte Liva. »Die müssen von Menschen sein.«

Schlitzohr knurrte.

»Ich bin schon sehr lange hier. Es ist mein Hain und ich habe hier noch nie Menschen gesehen«, ächzte Narzbork.

»Das mag ja sein. Aber nun werden sie kommen«, sagte Anders. »Jetzt sind es nur dreißig. Doch bald werden sie mehr sein als es Bäume auf dieser Insel gibt.«

»Mehr?«, ächzte Narzbork lang gezogen und riss seinen Blick von den Ruinen los.

»Wir müssen den Wald vor ihnen schützen«, rief Liva. »Sie kommen mit Feuer und wollen alle Bäume umschlagen, die in ihrem Weg sind.«

»Und weil Milva sie alleine nicht aufhalten kann, braucht sie deine Hilfe«, sagte Anders. »Du musst dich mit Milva zusammentun, sonst bist auch du bald in Gefahr.«

Narzbork sah Anders verständnislos an.

»Wenn Milva und Liva sich alleine wehren, werden sie vernichtet. Wenn die Luchse alleine kämpfen, werden sie vernichtet. Du, alleine, wirst vernichtet. Aber viele Feen und Waldtiere zusammen können sich den Menschen entgegenstellen«, erklärte Anders.

Ein fürchterlich tief stöhnendes Ächzen ging durch Narzbork, dass seine Äste, Zweige und Nadeln nur so zitterten.

»Du musst Milva und uns helfen und mit uns zu unserer Höhle kommen. Wenn wir den Soldatenmenschen den Weg versperren und ihnen Angst machen, rennen sie sicher davon und kommen nie wieder«, sagte Liva bestimmt.

Schlitzohr jaulte und trat an Livas Seite.

Narzbork erstarrte und blickte die drei nacheinander an. Dann wandte er sich stumm zu den Bäumen auf seiner Insel und daraufhin wieder zu Liva, Anders und Schlitzohr.

»Du musst dich mit Liva und Milva zusammentun. Jetzt!«, wiederholte Anders langsam. »Gemeinsam seid ihr stärker. Wir müssen uns beeilen. Die Soldaten stehen vielleicht schon am Gurgelwasser. Komm mit uns und zeig ihnen, dass der ganze Wald zusammenhält.«

»Dass wir eine Gemeinschaft sind«, ergänzte Liva.

Narzbork sah Anders stumm an. Dann schossen plötzlich seine Zweigklauen vor, packten Liva und Anders und der Baumwandler setzte sich in Bewegung. Mit weiten Schritten hielt er direkt auf das Seeufer zu. Schlitzohr sprang ihm nach, so schnell er konnte.

»Meine Kleidung«, rief Anders.

»Lass uns runter«, protestierte Liva.

Aber Narzbork reagierte nicht. Ohne auch nur einen Augenblick innezuhalten, stapfte er in den Nebelsee und sank immer tiefer, bis nur noch sein Wipfel aus dem Wasser ragte. Liva und Anders reckte er so hoch, wie er konnte. Schlitzohr war ihm nachgesprungen und krallte sich an einen der Astarme. Eine mächtige Welle vor sich herschiebend, pflügte Narzbork durch den See direkt auf die Mündung des Kaltwassers zu.

~ 25 ~

Der Federmensch
schnaubt und brüllt

Anders hing in Narzborks Zweigklaue. Die borkigen Finger des Baumwandlers drückten und scheuerten auf seiner Haut, dass es wehtat. Aber in diesem festen Griff blieb ihm nichts anderes übrig, als zuzusehen, wie Narzbork geschwind die sumpfige Kaltwassermündung durchschritt und dem Bach durch die Schlucht folgte. Liva dagegen schimpfte ohne Pause. Mit ihren Fäusten hämmerte sie auf die Zweigklaue. »Lass mich runter! Ich kann selbst laufen. Setz mich endlich ab, du Riesenholzkopf!«

»Still, Bärenspross«, entgegnete Narzbork endlich. Seine knarzend-ächzende Stimme hallte von den Wänden der Schlucht wider. »Ich kenne den Weg zu Lamilivasursamilva. Immer dem eisigen Wasser nach. Wir sind schneller, wenn ich euch trage.«

»Ich will aber nicht getragen werden, du starrsinniger Baum. Ich komme auch alleine zu Milva.«

Schlitzohr lief hinterher, bis der Baumwandler das Ende der Klamm erreicht hatte. Hier verabschiedete er sich mit einem Knurren und jagte hinauf zu Haselhain und Luchsfelsen, um nach seiner Familie zu sehen. Er versprach, schnell nachzukommen.

Bald wurden die Hügel und Senken wieder sanfter und die drei umfing Milvas Wald. Längst brach das Tageslicht durch das dichte Blätterdach und zwischen den Stämmen glitzerte silbrig der Taudunst. Narzbork bewegte sich nicht besonders vorsichtig oder rücksichtsvoll. Alles um ihn herum zitterte unter seinen schweren, weit ausladenden Schritten. Wenn er den Bach traf, platschte und spritzte es. Und trotzdem knackte kein Strauch, brach kein Ast, kein Pilz wurde zermalmt und es blieb keine Spur zurück. Narzbork, der so groß und mächtig wirkte, hatte einen milden Tritt und hinterließ keinen Schaden, kein Leid. Es war, als wäre er ein Geist, der in Windeseile durch das Unterholz streicht. Nicht einmal der fähigste Jäger würde entdecken können, dass hier ein Baumwandler gewandelt war. Und das war auch gut so. Wenn die Baronin zusammen mit den Soldaten in den Wald käme, würde Narzbork ihnen gewiss einen ordentlichen Schrecken einjagen und viele von ihnen in die Flucht schlagen. Anders konnte nur hoffen, dass der Baumwandler beim Anblick von dreißig grimmigen Soldaten mit Äxten und Feuer nicht selbst in Schockstarre verfiel.

»Anders! Deine Schuhe, da!«, rief Liva plötzlich.

Anders folgte ihrem Fingerzeig. Und wirklich, da standen seine Schuhe fein säuberlich nebeneinander. Das konnte nur bedeuten, dass Milvas Höhle ganz nah war.

»Jetzt lass uns endlich runter«, schimpfte Liva. »Wir sind da.«

»Halt an, Narzbork, bitte«, rief Anders. »Bitte, Herr Baumwandler, ich bitte dich.«

Plötzlich bremste Narzbork und stand mit einem Mal, als hätte er Wurzeln geschlagen. Nur noch das Wippen des Wipfels und der Zweige zeugte von seiner Hast, mit der er eben noch durch den

Wald gepflügt war. »Was willst du, Feenmensch? Ich dachte, wir sollen zu Lamilivasursamilva eilen.«

Anders war überrascht, dass Narzbork plötzlich auf ihn hörte. Sprachlos hing er in der Zweigklaue und zeigte wortlos auf seine Schuhe.

»Lass uns runter!«, zeterte Liva. »Unsere Höhle ist doch gleich da vorne.« Wütend hing sie in der anderen Zweigklaue. In ihren Mundwinkeln zeichneten sich die Wildschweinhauer ab, die sie bedrohlich bleckte.

Da stellte Narzbork beide ab und Anders spürte das weiche Moos unter seinen Füßen. Dankbar nickte er dem Baumwandler zu, als ihm wieder einfiel, dass er ja splitterfasernackt war. Schnell drehte er sich von Liva weg.

»Warum nicht gleich so?«, schnauzte sie Narzbork an und zupfte ihre Kleider zurecht. Narzbork würdigte sie keines Blickes.

In diesem Moment schoss Kauz durchs Blätterdach und segelte auf den Baumwandler zu. Dabei rief er unablässig etwas in seinem eigentümlich heiseren Heulen. Liva, Anders und Narzbork sahen überrascht zu ihm auf. »Was ruft er?«, fragte Anders.

»Sie wimmeln, wie Ameisen, wie wilde Bienen, und der Federmensch schnaubt und brüllt«, antwortete Liva und blickte zu Anders. »Was heißt das?«

»Geht es um die Soldaten?«, fragte Anders Kauz, der sich flatternd in Narzborks Wipfel niederließ und ein einzelnes *Hu* rief.

»Beschreibe genau, was du gesehen hast«, sagte Anders. »Und Liva, du übersetzt.«

Kauz plusterte sich auf und begann zu pfeifen und zu heulen.

»Sie sind auf den Beinen, viele und flattern herum«, übersetzte

Liva. »Der Menschenschwarm ist wach. Sie machen Federn auf ihren Kopf. Und der Mensch mit den großen Federn brüllt durch einen glänzenden Schnabel. Die Menschfrau, die auf das fette Reh klettert, krächzt wie ein wütender Rabe. Und der faule Fuchs kläfft und japst und hüpft.«

Kauz flatterte auf und ab.

»Was geht da vor sich?«, fragte Liva und sah zu Anders.

»Sie brechen auf. Sie machen sich marschbereit. Der Hauptmann bläst durch sein Horn. Und die Baronin gibt Befehle.«

»Befehle?«, knarzte Narzbork.

»Sie sagt, was die anderen machen sollen«, antwortete Anders.

»Kommen sie jetzt in den Wald?«, fragte Liva angespannt.

Anders nickte.

»Dann schnell«, rief sie, bückte sich und warf Anders seine Schuhe zu.

»Danke«, sagte Anders. »Jetzt brauche ich nur noch Kleidung.«

»Kleidung?«, ächzte Narzbork und blickte erst fragend zu Anders dann zu Liva.

»Das verstehst du nicht«, fuhr Liva den Baumwandler an. »Komm. Wir haben Menschenstoffe in Milvas Höhle.« Schon lief sie los, weg vom Kaltwasser.

Kaum zwölf Schritte weiter öffneten sich die Bäume und die drei samt Kauz traten auf Milvas Lichtung, über der sich der bewölkte Morgenhimmel erstreckte. Liva lief direkt auf die Höhle zu. »Milva!«, rief sie. »Milva, wir sind wieder da und haben Narzbork dabei!« Vor dem Höhleneingang hielt sie an, drehte sich zum Baumwandler und zeigte auf die Mitte der Lichtung. »Du wartest hier mit Kauz.« Dann verschwand sie in der Höhle.

Anders folgte ihr. Als sie den Wurzelvorhang erreichten, blies Liva dagegen und schon standen sie in der Wohnhöhle.

»Milva? Sie kommen! Milva!« Liva ließ den Futtersack fallen und sah sich um. »Milva, wo bist du?«

Auch Anders konnte sie nirgends entdecken. Die Wurzelvorhänge standen offen. Alle Räume der Wohnhöhle waren leer. Milva war nicht zu Hause.

»Das verstehe ich nicht«, murmelte Liva. »Warum ist sie nicht hier? Wenn die Soldatenmenschen kommen, brauchen wir sie.«

»Vielleicht ist sie am Gurgelwasser?«, entgegnete Anders. »Wenn du mir Kleidung gibst, können wir sie suchen gehen.«

Liva riss die Augen auf, als hätte sie das ganz vergessen. »Ja, warte.« Sie lief durch einen der Wurzelvorhänge und kam kurz darauf mit einem Bündel zurück. »Beeil dich. Ich gehe Milva suchen.« Sie drückte es ihm in die Hand und rannte wieder nach draußen.

Anders betrachtete das blau-weiße Bündel, das ihm bekannt vorkam. Hatte er es nicht für Liva getragen, als er das erste Mal auf ihrem Wildschweinrücken geritten war? Er faltete es auf und hielt kurz darauf eine blaue Hose und ein weißes Hemd in den Händen. Beides war eindeutig zu groß. Aber es half nichts. Er konnte ja nicht nackt durch den Wald rennen. Schnell schlüpfte er in die viel zu weite Hose und zog sich das Hemd über, das er in die Hose stopfte. Nachdem er Hosenbeine und Hemdsärmel hochgekrempelt hatte, musste er feststellen, die die Hose keine drei Schritte oben bleiben würde. Sobald er sich bewegte, rutschte sie. Mit einer Hand hielt er sie knapp unter der Brust und sah sich um. Aber nirgends war etwas, das einen Gürtel ersetzen konnte. Nur die Wurzelstränge, die von der Höhlendecke hingen, waren lang und dünn genug. Anders schluckte. Vorsichtig nahm er eine, wickelte sie zweimal um seine freie Hand und murmelte: »Es tut mir leid.« Dann zog er kräftig an ihr und mit einem festen Ruck fiel die Wurzel schlaff von der Decke. Die anderen Wurzeln zitterten. Anders hielt die Luft an. »Es tut mir wirklich sehr leid«, stammelte er erneut, wickelte die tote Wurzel um seinen Bauch und knotete die beiden Enden unter der Brust zusammen. Ängstlich blickte er auf die übrigen Wurzeln. »Bitte entschuldigt. Ich …«, er schluckte. »Was Besseres ist mir nicht eingefallen.« Er drehte sich zum Höhlenausgang und ging ganz langsam auf den dichten Wurzelvorhang zu. Zu seiner Überraschung öffnete sich dieser, so weit es ging, als würde er zurückweichen. Anders verbeugte sich und trat hindurch. Als er den Vorhang passiert hatte, fiel dieser zu. Anders spürte einen Lufthauch und blitzschnell umschlang etwas seine Beine. Noch bevor er reagieren konnte, riss ihn der Wurzelvorhang um. Mit einem Schrei fiel Anders zu Boden. Als die Wurzeln von ihm abließen, kroch er eilig von dem Vorhang weg, der jetzt nach ihm schlug, aber verfehlte.

»Es tut mir wirklich sehr leid«, rief Anders aus voller Brust, rappelte sich auf und lief nach draußen.

~ 26 ~

Fünf und Kauz

Liva musste ihre Mutter finden, so schnell wie möglich. Die Soldatenmenschen kamen. Anders würde schon zurechtkommen. Eilig verließ sie die Höhle und lief nach draußen. Zu ihrer Überraschung stand Milva bei Narzbork mitten auf der Lichtung. Die beiden sprachen miteinander, während Kauz noch immer im Wipfel des Baumwandlers saß.

»Nur bis die Menschen weg sind«, brummte Milva. »Dann gehst du wieder.« Sie klang nicht sehr freundlich.

Narzbork trat einen Schritt zurück. »Nur bis die Menschen weg sind«, wiederholte er ächzend. Auch er klang nicht freundlich.

»Da bist du ja!«, rief Liva.

Milva wandte sich zu ihr. »Ihr seid spät. Wo ist Anders?«

Liva zeigte zurück zur Höhle. »Ich habe ihm die Menschenstoffe gegeben. Seine alten Stoffe sind auf Narzborks Insel. Er kommt gleich. Wo warst du?«

»Am Gurgelwasser, als der Mond noch wach war. Da waren Menschen auf der anderen Seite. Nur eine Hand voll. Aber sie sind geflohen, als ich mich gezeigt und gebrüllt habe.«

»Kauz sagt, dass sie kommen.«

Milva nickte. »Er sollte euch suchen. Aber die Menschen sind langsam und schwerfällig. Noch sind sie nicht über das Gurgelwasser.«

»Wie du siehst, hilft uns Narzbork. Außerdem wird Schlitzohr kommen.« Liva blickte zum Rand der Lichtung in der Hoffnung, dass der große Luchs aus dem Dickicht springen würde, aber er tauchte nicht auf. »Und wir haben eine Maus gerettet. Sie sollte Tiere hierherholen. Ist sie gekommen?«

»Eine Maus?« Milva schüttelte den Kopf.

»Hoffentlich hat sie niemand gefressen.« Liva senkte enttäuscht den Blick, als hinter ihr ein Schrei ertönte. Überrascht drehte sie sich um. Anders kam aus der Höhle gerannt. Er hatte die Menschenstoffe an und sich eine Wurzel um den Bauch geschlungen. Warum hatte er das gemacht? Hatte er sie einfach von der Wand der Wohnhöhle gerissen?

»Da bin ich«, keuchte er. »Kauz meinte, dass die Soldaten bereits auf dem Weg sind. Sind sie schon im Wald?«

Milva schüttelte den Kopf. Liva merkte sofort, dass auch ihr die Wurzel um Anders' Bauch aufgefallen war.

»Und was machen wir nun?«, fragte er.

»Sag du es uns«, brummte Milva.

Anders starrte sie an. »Wo ist Schlitzohr?«

»Nicht da«, antwortete Liva. »Noch nicht.«

»Hm.« Anders' Blick wanderte von Liva zu Milva, Narzbork und zurück. »Nur fünf also.«

Kauz ließ ein kurzes *Hu* verlauten.

»Sechs«, sagte Liva. »Was machen wir jetzt?«

»Wir müssen wissen, was passiert und wann die Soldaten durch das Gurgelwasser gehen«, antwortete Anders nachdenklich.

»Kauz kann sie beobachten«, bemerkte Milva.

Aber Anders schüttelte den Kopf. »Er versteht nicht, was sie machen. Ich schon. Kannst du mich dorthin tragen?« Er blickte zu Liva, die nickte.

»Narzbork und Milva warten in der Farnsenke, wo wir uns das erste Mal begegnet sind«, fuhr er fort. »Das ist der Ort, wo mich die Jäger das letzte Mal gesehen haben, und euch auch. Dort werden sie ihre Suche beginnen.«

»Bist du dir sicher?«, fragte Liva. »Der Wald ist groß. Warum gehen die Soldatenmenschen ausgerechnet dorthin?«

»Wo würdest du zu suchen beginnen, wenn du etwas verloren hast?«

»Da, wo ich es verloren habe«, antwortete Liva und nickte langsam. Anders hatte recht.

»Ich lasse mir nicht von Menschen sagen, was ich tue«, knarzte Narzbork.

»Er ist nur Halbmensch«, sagte Liva langsam und nachdrücklich. »Warum willst du das nicht verstehen? Er ist genau soviel Fee wie Mensch, und er weiß, was zu tun ist.«

Narzbork verschränkte die Arme vor seinem Stamm. »Auch ein Halbmensch darf mir nicht sagen, was ich in meinem Wald mache.«

»Du meinst, in *meinem* Wald«, brummte Milva.

Narzbork sah Milva von oben herab schweigend an.

»Das kann doch jetzt nicht euer Ernst sein!« In Liva brodelte es. »Ihr streitet, wem der Wald gehört, und die Baronin kommt mit den Soldatenmenschen, um Milva zu vernichten. Selbst die Menschen wissen, dass es ihr Wald ist«, rief sie Narzbork entgegen. »Wir müssen zusammen Milvas Wald retten. Und weil wir nicht wissen, was die Menschen machen, brauchen wir Anders. Der weiß das. Also, lass das Streiten sein und hör auf den Halbfeenjungen.«

»Ganz richtig«, brummte Milva und wandte sich an Narzbork. »Wir gehen zum Tanzplatz der Leuchtkäfer und warten. Du musst Anders jetzt vertrauen.«

»Hm.« Narzbork trat einen Schritt zurück und sah von Liva zu Milva.

Anders nickte. »Wenn wir wissen, was sie vorhaben, kommen wir zu euch. Wir sind ja viel schneller als die Baronin.«

Liva lächelte. Eine unbändige Kraft durchströmte sie. Ihr Halbfeenfreund wirkte sehr entschlossen. »Dann los. Ich bin schnell wie der Wind«, quiekte sie und ließ sich nach vorne fallen. »Steig auf.« Im Handumdrehen saß Anders auf ihrem Rücken und krallte sich in ihre Borsten.

»Geht nicht zu nah hin«, sagte Milva. »Denkt an die Bögen.«

»Wir sehen uns am Tanzplatz der Leuchtkäfer«, grunzte Liva und galoppierte los Richtung Gurgelwasser.

~ 27 ~

Hörner, Pauken, Pfeifen
und ein Glockenspiel

Mit Anders auf dem Rücken hetzte Liva durch den Wald. Unter ihren Hufen donnerte der Waldboden. Verschreckt flogen Mönchsgrasmücken auf, als sie durchs dichte Buschwerk brachen, während ihnen aus sicherer Höhe der Gelbspötter hinterherpfiff. Sie durchpflügten die Farnsenke, galoppierten den Senkenrand hinauf und wurden schon wieder von Milvas Wald verschluckt, als Liva plötzlich ein seltsames Geräusch vernahm, ein leises dumpfes Donnern, das von fernem schrillen Pfeifen begleitet wurde. Sie bremste und blieb schnaufend stehen.

Anders richtete sich auf. »Was hast du?«

»Psst! Da ist etwas«, grunzte sie.

»Was meinst du?«

»Ein eigenartiges Donnern.« Liva spitzte ihre Wildschweinohren und reckte den Rüssel zum wolkengrauen Himmel, der durch das Blätterdach schimmerte. »Es kommt aber nicht von oben«, quiekte sie. »Wie als der Menschenschwarm kam. Und da ist auch ein Pfeifen.«

»Ich höre nichts«, entgegnete Anders und blickt ebenfalls zum

Himmel. »Würde mich nicht wundern, wenn es donnert. Aber ich höre auch keine Vögel.«

»Sie halten sich still. Sie haben Angst«, quiekte Liva. Nachdem Anders von ihrem Rücken gerutscht war, richtete sie sich grunzend auf und verwandelte sich zurück.

»Sind wir schon am Gurgelwasser?«, fragte er. »Wir haben doch erst die Farnsenke hinter uns gebracht.«

»Psst!« Liva legte ihren Zeigefinger auf seine Lippen. Eine leichte Brise ließ die Blätter rascheln. »Da ist es wieder. Der Wind trägt es her.«

Anders schüttelte stumm den Kopf. Liva konnte ihm die Anspannung ansehen. Sie spürte sie selbst, von den Haarspitzen bis zu ihren Zehen, mit denen sie nervös im Boden scharrte. »Komm«, flüsterte sie. »Lass uns nachsehen, vor was sich die Vögel fürchten.«

Anders schluckte und nickte.

Die beiden liefen weiter. Mit jedem Schritt wurde der seltsame Lärm deutlicher. Der Donner erschallte dumpf und regelmäßig, das Pfeifen war schrill und unentwegt zu hören. Es klang wie das, was Anders *Musik* genannt hatte, nur noch scheußlicher als beim ersten Mal. Und es machte Livas Bauch flau und ihren Atem unruhig. Jetzt stöhnte auch noch ein lang gezogenes Dröhnen. Plötzlich blieb Anders stehen und spitzte die Ohren. »Jetzt hörst du es auch«, flüsterte sie. »Ist das wieder diese Musik?«

»Ja, nichts weiter«, antwortete er. Sein Atem war entspannt. »Da sind Pauken, Pfeifen und ab und zu Hörner. Sie kündigen ihr Kommen an.«

»Wieso machen die Soldatenmenschen so einen Lärm, wenn sie wo hinkommen und was vernichten wollen? Die warnen uns doch.«

»Weiß nicht. Wie weit ist es noch bis zum Waldrand?«

»Nicht weit. Da vorne.«

»Gut, lass uns nachsehen, was da los ist.«

Schnell hatten sie den Waldrand erreicht und gingen in Deckung. Vor ihnen lag das Gurgelwasser und dahinter erhoben sich die sanften Wiesenhügel, über denen schwer ein grauer Himmel hing. Draußen, vor dem Wald blies der Wind viel stärker. Er ließ die Haare und weiß-purpur-silbernen Uniformen des Menschenschwarms flattern, der auf dem höchsten Hügel wie eine lange Reihe von Bäumen stand. Einige hauten auf umgehängte Fässer, andere pusteten in lange Röhren und manche hatten kurze Äste im Mund und drückten mit ihren Fingern darauf herum. Von ihnen kam das schreckliche Pfeifen. Ganz am Rand stand ein Soldat, der viele schmale Zapfen vor sich hängen hatte. Sein Fuß stampfte mit den Fasshauern mit, während er seinen Kopf hoch und runter warf. Plötzlich fuhr er mit der Hand durch die Zapfen, die darauf grell klirrten. Liva staunte über dieses Spektakel, das so fürchterlich und laut klang, dass sie im ganzen Leib den Wunsch zur Flucht spürte. Auch wenn Anders ruhig wirkte, ihr war immer noch mulmig zumute. Sie konnte sehr gut verstehen, warum sich die Vögel und sicher auch alle anderen Waldbewohner versteckten. Vielleicht veranstalteten die Menschen deshalb den Lärm? Außerdem fand sie, dass der Menschenschwarm ziemlich groß war.

»Nur zwanzig. Wo wohl die anderen sind?«, murmelte Anders. Er klang nachdenklich und ließ seinen Blick über den Menschenschwarm schweifen. »Hörner, Pauken, Pfeifen und ein Glockenspiel. Davor der Hauptmann und die Baronin mit ihrem Sohn und seinem Hund. Und da stehen einige Krautsaumer und die Jäger samt ihren Hunden.« Er blickte zu Liva. »Auch wenn es nur noch zwanzig Soldaten sind, sind es immer noch zu viele für uns.«

»Warum sind es jetzt Wanzen-Soldaten und keine Reisig-Soldaten mehr?«

»Zwanzig ist die Anzahl«, erklärte Anders. »Wir sind fünf. Du, Milva, Narzbork, ich und Schlitzohr, wenn er rechtzeitig kommt.«

»Und Kauz!«

»Aber, was will Kauz denn ausrichten? Also eher fünf. So viele Finger, wie an meiner Hand. Siehst du?« Er streckte die rechte Hand hoch und spreizte alle Finger ab. »Die Soldaten sind ohne die Baronin, ihren Sohn und den Hauptmann zwanzig. Das sind zweimal alle Finger, die ich habe. Also vier Hände, verstehst du?« Jetzt hielt er ihr seine offenen Hände ins Gesicht. »Was, wenn die restlichen zehn Soldaten woanders in den Wald eindringen? Wenn die hier nur so einen Lärm machen, um uns abzulenken?« Er seufzte und schien mit einem Mal doch beunruhigt.

»Was dann?«, fragte Liva.

Aber in diesem Augenblick ebbte plötzlich das Donnern, Pfeifen und Dröhnen ab. Nur der Wind brauste noch über die Hügel. Der Hauptmann hatte beide Arme erhoben. Worauf die Soldaten die Pustrohre und die Pfeifäste senkten. Liva atmete auf. Ohne den Lärm fühlte sich ihr Bauch besser an. Der Hauptmann nahm die Arme wieder runter, trat ein paar Schritte auf die Soldaten zu und rief: »Soldaten ihrer herrschaftlichen Hochwohlgeborenheit, nun schlägt die Stunde, in der wir, Mann für Mann, in dieses finstere Gehölz vorstoßen, um die Freiheit und Ordnung unserer schönen Baronie zu sichern.«

Während er redete, stieg die Baronin umständlich von ihrem Pony, das Faulenz am Zügel hielt.

»Wir werden den Feind jagen und aus dem Dickicht hier zurück ans Tageslicht zerren«, fuhr der Hauptmann fort, »damit sein bösartiger Plan, unsere schöne Baronie Heckenrose ins Unglück zu stürzen, nicht gelingt. Der Feind wird sich vor unserer Herrin verantworten, so wahr wir …«

»Von Schneid!« Die Baronin stapfte auf den Hauptmann zu, der augenblicklich verstummte und sich überrascht zu ihr drehte. Mit einem kräftigen Stoß schubste sie ihn beiseite und erhob nun selbst ihre schrille Stimme: »Genug der Worte. Geht jetzt da rein und holt diesen Verbrecher da raus. Haut alles kurz und klein, was sich euch in den Weg stellt oder im Weg steht.« Sie blickte zu den Dorfbewohnern. »Habt ihr Äxte aufgetrieben?«

Die Krautsaumer blickten alle stumm zu Boden.

»Wird's bald?«, keifte die Baronin.

»Vielleicht, vielleicht aber auch nicht«, begann Johan.

»Es, äh, wäre schon möglich«, fügte Reiser zögerlich an.

»Was soll das heißen?«, schrie die Baronin. »Habt ihr nun welche oder nicht?«

Da hoben Johan und Reiser je ein kurzes Handbeil hoch.

»Zwei?« Die Baronin war für einen kurzen Augenblick sprachlos. »Zwei! Ihr habt nur zwei Äxte in eurem Dorf?«

Johan trat vor. »Mehr brauchen wir nicht, wohlgeborene hohe Herrin.«

»Verfluchtes Provinznest.« Die Baronin stampfte wütend mit dem Fuß auf. »Dann geht eben mit zwei Beilen meinen Soldaten voran.«

Jetzt trat Reiser vor und gähnte ganz schrecklich. »Aber, Herrin«, stammelte er. »Es ist noch ziemlich früh für einen Donnerstag. Wir wissen auch gar nicht mehr, wie man Bäume schlägt.« Er senkte den Kopf. Die übrigen Krautsaumer nickten alle heftig.

»Wie?«, krächzte die Baronin schrill. »Ihr wollt mich wohl auf den Arm nehmen. Dann gebt die Beile den Jägern. Die wissen am besten, wo wir hinmüssen.«

In diesem Augenblick fiel der bärtige Jäger um und heulte ganz fürchterlich auf. Der andere sprang an seine Seite und streckte ihm das Bein. »Ganz unmöglich, Herrin«, rief er. »Mein Kamerad hat einen Krampf, wie, äh, fast jeden Donnerstagmorgen. Wir müssen im Dorf bleiben und uns auskurieren.« Die Hunde heulten mit dem Bärtigen im Chor.

»Was soll das Theater?« Das Gesicht der Baronin wurde unter ihrem grünen Samtzylinder rot wie eine Tomate.

»Sie weigern sich, ihr zu helfen«, murmelte Anders.

»Warum?«, wisperte Liva.

»Sie haben wohl mehr Angst vor Milva als vor ihr.«

»Von Schneid!«, schrie die Baronin. »Verteilt die beiden Beile an eure Männer. Und du«, sie zeigte auf den Jäger mit dem braunen Wams. »Du lässt das Bein los und führst uns zu der Stelle, wo du diese Bärenmutter und den Thronräuber zuletzt gesehen hast. Sonst lasse ich deine Hunde braten«, fauchte sie bedrohlich. »Faulenz!« Sie drehte sich zu ihrem Sohn, durch den ein Ruck ging. Graf Pelz kläffte. »Führe die Truppe in den Wald!«

Faulenz ließ kraftlos die Zügel des Ponys fallen, das längst an den Sommergräsern knabberte, und trat zu Hauptmann von Schneid und seiner Mutter. Graf Pelz hüpfte ihm hinterher. Faulenz beugte sich zu von Schneid und flüsterte ihm etwas ins Ohr, worauf der Hauptmann nickte und rief: »Alle Mann stillgestanden. Legt ab die Instrumente«!

Unter den Soldaten wurde es unruhig. Umständlich schnallten sie die Pauken und das Glockenspiel ab und legten die Hörner und Pfeifen ins Gras. Dann nahmen sie wieder Haltung an.

»An die Beile!«, rief von Schneid.

Die Soldaten blickten sich nun gegenseitig an, bis sich endlich zwei fanden, die von Johan und Reiser die Handbeile in Empfang nahmen.

»Zieht die Schwerter!«, rief von Schneid. »Und, in Reih und Glied – «

»Aber, Hauptmann von Schneid!« Ein hochgeschossener schlaksiger Soldat meldete sich zu Wort.

Von Schneid schnappte nach Luft und blickte den Soldaten überrascht an.

»Wer schafft denn die Instrumente zurück ins Lager? Es wäre ja nicht so gut, wenn es regnet und die hier rumliegen. Die könnten nass werden und rosten. Die Reparatur wäre sicher teuer. Also, ich würde mich freiwillig melden.«

»Und ich habe so ein Kratzen im Hals«, rief nun ein anderer.

»Das Pony«, sagte ein dritter, etwas untersetzter Soldat. »Das ist doch im Wald nur hinderlich und hält alle auf. Ich würde es zum Lager begleiten.«

»Und das sind auch wirklich viele Instrumente«, wandte ein Vierter ein. »Ich würde ganz freiwillig Hein helfen.«

»Ich habe bei Helmfried im Zelt geschlafen. Ich habe auch so ein seltsames Halskratzen«, rief nun ein Weiterer.

»Ich auch. Wir brauchen mindestens einen Schal, besser noch einen Kräutertee vom Küchenzelt.«

»Und mir ist ganz übel, wirklich«, rief nun ein junger Soldat, der sich den Bauch hielt und ganz weinerlich dreinschaute.

Plötzlich löste sich die Reihe der Soldaten auf und alle plapperten durcheinander. Von Schneid schrie dazwischen: »Die Krautsaumer können das Pony und die Instrumente ins Lager schaffen.«

»Das ist die beste Aufgabe für uns«, bestätigte Johan. Die anderen Dorfbewohner nickten.

»Aber ihr wisst ja gar nicht, wie man die Instrumente richtig trägt und wo sie hingehören«, warf der schlaksige Hein ein. »Da müssen wir euch schon begleiten.«

»Und das Pony«, wiederholte der Untersetzte. »Ihr könnt es striegeln, aber folgen wird es nur einem von uns. Es ist ja ein Militärpony.«

»Habt ihr vielleicht auch Kräutertee?« Helmfried, der seine Frage an Johan richtete, versuchte, ziemlich heiser zu klingen.

Da trat ein stämmiger, älterer Soldat hervor und rief über alle hinweg. »Ich schäme mich für euch, ihr Feiglinge! Ich drücke mich nicht und folge dem Hauptmann in den Wald. Ist noch einer von euch bereit, die Baronie zu verteidigen?«

»… und sich das Ansehen der Herrin zu verdienen?«, ergänzte von Schneid.

Aus dem Soldatenhaufen traten nun doch ein paar hervor und nahmen neben dem älteren Soldaten Haltung an. Von Schneid ließ die Arme hängen und schüttelte nur den Kopf. Faulenz klopfte ihm tröstend auf die Schulter. Die Baronin hatte sich bei der

Diskussion überraschend still verhalten. Jetzt schob sie die Ärmel ihrer grünen Samtjacke hoch, stampfte zu von Schneid und ihrem Sohn und teilte ihnen etwas in einer Ruhe mit, die nicht annähernd zu ihrer sonst so schrillen Art passte.

»Wenn ich doch nur verstehen könnte, was sie sagt«, flüsterte Liva.

»Nur noch zwölf«, murmelte Anders. Er schien Livas Bemerkung überhaupt nicht wahrgenommen zu haben. »Zwölf Soldaten, ein Jäger, von Schneid, Faulenz und die Baronin. Macht sechzehn.« Er seufzte. »Immer noch ganz schön viele.«

»Und der Hund«, entgegnete Liva. »Sind das zu viele?«

Anders legte die Stirn in Falten. »Weiß nicht. Milva und Narzbork sind schon sehr groß und stark. Die nehmen es sicher mit der Hälfte auf. Und dann sind da ja noch die Jagdhunde. Wir brauchen einen Plan.«

»Einen was?«

»Richtet die Uniform! Packt euer Marschgepäck!«, donnerte in diesem Moment von Schneid. Neuer Mut schien in ihm aufzukeimen und die eben noch vorherrschende Verdrossenheit zu verdrängen. »Du und du.« Er zeigte auf zwei Freiwillige, die sich um den älteren Soldaten geschart hatten. »Packt die Ölfässer und vergesst die Lunten nicht. Alle im Gleichschritt zur Furt. Lasst uns niederbrennen, was wir nicht umschlagen können!« Er riss sein Schwert aus dem Gürtel und wies damit in Richtung Milvas Wald. Graf Pelz sprang kläffend auf und ab und drehte sich dabei wie ein Kreisel.

Anders packte Liva bei der Schulter. »Komm! Es geht los. Wir müssen zurück, schnell.«

Liva ergriff eine plötzliche Unruhe, eine Aufregung, die sie an-stachelte. Sie wollte sich nicht mehr verstecken. Sie wollte los-laufen. Sie atmete tief durch, nickte Anders zu und verwandelte sich. Nachdem sich Anders auf ihren Rücken geschwungen hatte, preschte sie in den Wald, zum Tanzplatz der Leuchtkäfer.

~ 28 ~

Die Gemeinschaft
der Waldbewohner

Das Grün und Braun des Waldes verwischte zu Streifen. Äste, Büsche und Ranken peitschten. Der Waldboden spritzte unter Livas Hufschlag. Ohne Rücksicht raste sie durchs Unterholz. Anders duckte sich tief auf ihren Rücken. Sie rannte schneller als sonst. Und er wusste, warum. Die Unruhe und die Angst vor den nahenden Soldaten trieb sie an. Sie waren beide aufgeregt.

Es dauerte nicht lange, dann lichtete sich das Unterholz und Liva galoppierte hinab in die Farnsenke. Hier stoppte sie und bäumte sich quiekend auf. Anders krallte sich in ihre Borsten, um nicht abgeworfen zu werden. »Wo sind sie?«, grunzte Liva, als sie wieder auf den Vorderhufen gelandet war. Sie reckte ihren Rüssel in die Höhe. »Ich kann sie riechen … und … ich rieche noch mehr!«

»Wie? Noch mehr«, fragte Anders und sprang ab.

Liva lächelte ihn an, dass ihre Hauer deutlich hervortraten. Bevor sie antworten konnte, stapfte Narzbork aus dem gegenüberliegenden Dickicht und trat in die Senke. Nach wenigen Schritten blieb er mit verschränkten Astarmen stehen. Milva folgte ihm auf dem Fuße. Mit ihr trat ein riesiger rot-brauner Hirsch auf die Lichtung. In seinem Geweih entdeckte Anders die Maus. Sie stand aufrecht und blickte zurück in den Wald. Von dort purzelten drei Dachse hinab in die Senke und wühlten sich durch den Farn. Sie streckten ihre schwarz-weißen Schnauzen in die Höhe und schnüffelten umher. Erst auf den zweiten Blick sah Anders, dass noch weitere Tiere durchs Unterholz schlichen. Ganz leise und geschmeidig kamen Silvestra und Schlitzohr auf die Lichtung. Ihre Fellpinsel auf den Ohren zuckten hin und her, während ihre Luchsaugen alles beobachteten. Als sie sich hinter Narzbork niedergelassen hatten und ihr Fell sauber leckten, flatterten Kauz und Uhu in einer der umliegenden Buchen auf und glitten lautlos auf Narzborks Wipfel hinab. Ihnen folgten drei Elstern, ein großer Eichelhäher und einige zerzauste Tannenmeisen. Die Maus ließ den Uhu nicht aus den Augen. *Doch mehr als fünf und Kauz*, dachte Anders erleichtert und winkte ihnen allen zu. Auch wenn die Maus und die Vögel den Soldaten wohl nur wenig entgegenzusetzen hatten, waren sie ein ansehnlicher Haufen, und Milva und Narzbork zählten für drei. Aber plötzlich zwitscherten die Vögel aufgeregt durcheinander und die Dachse, die sich um Milva geschart hatten, knurrten und grunzten, während sie Anders mit ihren schwarzen Knopfaugen musterten. Hektisch drehte der Hirsch seinen Kopf hin und her und blähte die Nüstern.

»Ruhe!«, brüllte Milva in den Lärm hinein.

Sofort verstummten die Vögel, und die Dachse setzten sich auf ihre Hinterpfoten. Liva verwandelte sich zurück. »Ja, er sieht aus wie ein Mensch, aber er ist auch einer von uns«, schnaufte sie noch ganz aus der Puste. »Milva und ich mögen ihn, also solltet ihr ihm auch vertrauen!«

Narzbork verschränkte seine Armäste, aber Schlitzohr bellte unterstützend.

»Danke«, brummte Milva und blickte in die Runde bevor sie sich an Anders wandte. »Was geht jenseits des Gurgelwassers vor?«

»Sie kommen«, antwortete er. »Und mir fällt ein Stein vom Herzen, dass ihr alle hier seid, um Milva und uns zu unterstützen. Danke für euren Mut!« Er nickte Schlitzohr zu und winkte der Maus. »Ganz besonders danke ich den Kleinsten unter euch, für die die Gefahr am größten ist.« Er atmete tief durch. »Es sind jetzt weniger als dreißig Mann, aber immer noch genug, um uns gefährlich zu werden.«

»Das glaube ich nicht«, knarzte Narzbork. »Reisig breche ich und stopfe die Menschen unter die Wurzeln, wo sie faulen und vergehen, egal wie viel.«

Kauz gab ein knappes *Hu* von sich und die Dachse ein kurzes stumpfes Grunzen. Anders verstand natürlich kein Wort, aber er hatte das Gefühl, dass die Dachse zu allem bereit waren. Uhu ließ ein tiefes *Hu* vernehmen, worauf sich Milva zu ihm wandte. »Nein. Sie wissen, wo der Tanzplatz der Leuchtkäfer ist. Dort waren die Menschen schon. Anders führt sie nicht hierher. Er ist selbst vor ihnen geflohen.« Ihre Worte waren ruhig, aber bestimmt. Schlitzohr knurrte den Uhu an.

»Schlitzohr hat recht«, ergänzte Liva. »Du hast gesehen, dass er mir geholfen hat.«

Uhu drehte den Kopf lieber zur Seite.

»Sie sind zu siebzehnt«, sagte Anders. »Zwölf Soldaten, Hauptmann von Schneid, die Baronin, ihr Sohn Faulenz, sein Hund …«

»Und ein Bogenjäger«, ergänzte Liva. »Vielleicht nimmt er auch seine Hunde mit.«

»Sie kommen mit Feuer, Schwertern, Bögen und zwei Äxten.« Anders zeigte zurück Richtung Gurgelwasser. »Die Farnsenke hier ist ihr Ziel.«

»Siebzehn also.« Milva senkte den Blick.

»Was ist siebzehn?« Narzbork beugte sich ein wenig vor und schob die Zweige aus dem Gesicht. Seine Wipfelrinde warf Falten.

»So viele wie wir«, antwortete Anders.

Der Baumwandler sog heulend die Luft ein. »So viele wie wir mit Feuer? Bist du dir sicher?« Seine sonst so feste Stimme klang ein wenig morsch.

Anders nickte stumm. Er konnte sehen, dass das Wort *Feuer* Narzbork und auch die anderen Waldtiere zurückzucken ließ. Silvestra schaute zurück in den Wald und Schlitzohr rieb seinen Kopf schnurrend an ihrer Schulter.

Plötzlich piepte die Maus im Hirschgeweih und die Dachse zischten und fauchten durcheinander. Der Hirsch tänzelte unruhig auf der Stelle.

»Nein«, sagte Liva. »Vor Feuer ist keiner von uns sicher. Deshalb müssen wir die Menschen zusammen aufhalten.«

»Ich brenne nicht gleich«, entgegnete Narzbork. »Ich bin gut im Saft und meine Insel wächst im Wasser.«

»Sie haben Öl«, warf Anders knapp ein. »In Fässern. Genug, um schnell einen Brand zu entfachen.«

»Was ist Öl?«, fragte Narzbork.

»Das macht, dass Feuer schneller und größer brennt«, antwortete Anders.

Narzborks Zweige und Nadeln zitterten.

Liva trat einen Schritt auf die Waldbewohner zu. »Kommt! Wir rennen ihnen entgegen und greifen sie an, bevor sie Feuer legen können. Wir rammen sie und schmeißen sie um. Dann laufen sie davon und kommen nicht wieder.«

Silvestra und Schlitzohr knurrten, während der Hirsch mit dem Vorderhuf aufstampfte. Plötzlich schnarrten die Dachse aufgebracht und schnappten mit ihren Schnauzen in die Luft, Richtung Maus. Da gab Uhu ein lang gezogenes *Hu* von sich und schlug mit den Flügeln. Augenblicklich duckte sich die Maus und piepste verängstigt.

»Keiner frisst hier irgendwen«, rief Liva dazwischen. »Niemand von euch vergreift sich an der Maus, wenn die Menschen vertrieben sind.«

Die Dachse quiekten grimmig.

Milva sah sie ernst an. »Die Maus ist nicht der Lohn eurer Mühe, Grimmbart. Verstanden?«

Der Größte der drei Dachse ließ sich auf seine Vorderpfoten plumpsen und schnüffelten verlegen am Farn.

»Wir dürfen nicht einfach blind auf sie losstürzen. Wir müssen uns überlegen, wie wir vorgehen«, gab Anders zu bedenken. »Damit die Soldaten uns und den Wald nicht verletzen.«

»Ich sage, wir rennen sie um!«, rief Liva.

Der Hirsch stampfte erneut mit dem Vorderhuf auf und senkte das Geweih, als würde er nicken. Aber die Luchse fauchten und schüttelten ihre Köpfe. Narzbork kratzte sich den Wipfel, dass

Kauz und die anderen Vögel aufflatterten, während Uhu erbost eine Augenbraue hochzog. »Sollen die Luchse hier lauern«, knarzte er. »Ich packe zu, breche und zerdrücke die Menschen, egal wo. Ich gehe ihnen jetzt entgegen.«

»Nein«, rief Anders aufgebracht. »Ihr müsst zusammen kämpfen. Alleine habt ihr keine Chance. Wir brauchen einen gemeinsamen Plan.«

Plötzlich fauchten die Dachse kurz und kräftig, was ziemlich feindselig klang, und der Hirsch scharrte mit den Hufen. Anders wich zwei Schritte zurück. Liva war im Handumdrehen zum Wildschwein geworden, schob sich vor ihn und grunzte die Tiere an. Auch Schlitzohr machte einen Satz an Anders' Seite und bleckte die Zähne.

»Ich denke auch«, knarzte Narzbork, »dass er nicht für uns spricht. Er ist Halbmensch und ohne ihn wären die Menschen nicht hier. Er soll still sein und mir überlassen, was wir machen.«

»Er ist Halbfee und sie wollen ihn genauso töten wie uns«, grunzte Liva und bäumte sich auf. »Er ist kein bisschen anders als wir.«

Schlitzohr schlug fauchend mit der Tatze in die Luft und stellte sich schützend vor Anders.

»Hört auf«, rief Anders und hob beschwichtigend die Hände. »Wenn ihr euch untereinander streitet, haben die Menschen leichtes Spiel.«

»Er hat recht«, brüllte Milva und verschränkte die Arme vor der Brust. »Wir müssen zusammenhalten, denn dieser Kampf ist für uns und für die Tiere, die mit uns leben, wichtiger als alles andere.« Sie stellte sich zwischen Liva und die anderen. »Kauz, erzähle uns, was du über die Sternengeschichte und den Feenmensch weißt.«

Mit einem Schlag blickten alle gebannt zu Kauz, der sich auf Narzborks Wipfel aufplusterte, den Kopf schief legte und zu pfeifen und zu heulen begann. Anders verstand kein Wort und lächelte unsicher in die Runde, bis Kauz geendet hatte. Jetzt waren alle ganz still und sahen erwartungsvoll zu ihm.

»So, nun kennt auch ihr Kauz' Sternengeschichte«, grunzte Liva. »Anders ist der Feenmensch, der hilft, dass die Menschen uns verstehen, damit es für uns alle besser wird.«

»Mir geht es gut, solange sie uns in Ruhe lassen«, ächzte Narzbork.

»Genau so ist es. Aber die Menschen sind hier«, brummte Milva. »Und wir müssen ihnen entgegentreten, damit wir wieder in Ruhe leben können.«

»Damit wir *mit* den Menschen in Ruhe leben können«, betonte Liva. »Habt ihr jemals einen anderen Feenmenschen als Anders getroffen? Ich nicht. Also lasst uns die Sternengeschichte wahr machen!«

Narzbork und die Waldtiere knarzten, zwitscherten und knurrten durcheinander. Da hob Milva ihre Hand. »Anders ist einer von uns und weiß, wie sie denken. Er macht den Plan und wir hören auf ihn.«

Anders schluckte. Da quiekte die Maus aus voller Brust. Der Hirsch hob seinen Kopf, dass sie noch höher ragte.

»Was sagt sie?«, flüsterte Anders zu Liva.

»Sie sagt, dass die Sterne nicht irren können, und der Feenmensch sagen soll, was wir machen.«

~ 29 ~

Anders macht
einen Plan

Anders sah zum bleigrauen Wolkenhimmel und dann zum Waldsaum, wo der Wind die Baumwipfel hin und her wog und rauschend durch die Blätter fuhr. Wie weit mochten die Soldaten schon gekommen sein? Wie viel Zeit blieb ihnen noch? Und, was sollte er sagen? Alle verließen sich auf ihn. Angst spürte er nicht mehr, zumindest keine Angst um sein Leben. Als er vor den Jägern geflohen war, da lief er mit Todesangst vor ihnen davon. Jetzt aber war die Angst eine andere. Er hatte Sorge, dass Liva und ihrer Heimat etwas Schlimmes passieren könnte. Er wollte nicht, dass sie, Milva oder einer von den anderen zu Schaden kam. Auch wenn er anders war, fühlte er sich heute wie einer von ihnen, wie ein Halbfeenjunge, ein Feenmensch. Er wollte, dass die Baronin den Wald in Ruhe ließ. Er wollte hier eine Heimat haben. Narzbork und die anderen würden sich schon daran gewöhnen. Zum ersten Mal hatte er das Gefühl, dass er dazugehörte, dass er so etwas wie eine Familie hatte. Und das wollte er verteidigen, koste es, was es wolle. »Ich«, begann er zögerlich und senkte den Kopf. Sein Mund war ganz trocken.

»Ja?«, entgegnete Liva grunzend und sah ihn mit großen Augen an.

»Wir haben nicht viel Zeit. Da bin ich mir sicher. Ich denke, dass jeder das tut, was er am besten kann.« Anders blickte wieder auf. Es spürte, wie Entschlossenheit in ihm aufkeimte. »Milva und Narzbork erschrecken die Soldaten schon durch ihre Größe. Und Narzbork wandelt so leise, dass ihn die Soldaten gar nicht bemerken. Er kann sich zwischen den Bäumen verstecken, zwischen hier und dem Gurgelwasser, und die Soldaten wie Pilze vom Boden pflücken.«

Narzbork bog seinen Stamm durch und streckte seine Astarme, dass es nur so knackte. »Der Feenmensch kennt mich. Er hat einen guten Plan.«

»Milva wartet im Dickicht als Bär und springt hervor, sobald die Soldaten in der Farnsenke sind. Das dürfte ihnen so einen Schreck einjagen, dass sie sich erst mal sammeln müssen. Und du«, Anders zeigte auf die Maus. »Du bleibst in Milvas Nähe. Wenn ein Soldat den Bogen spannt, kitzelst du ihn, damit er nicht mehr schießen kann.«

Die Maus nickte. Ihre Schnurrhaare zitterten.

Huhu, machte Kauz und flatterte auf.

»Ich habe zwar kein Wort verstanden«, sagte Anders. »Aber genau das kannst du auch. Ihr alle könnt das«, sagte er zu den Vögeln. »Wartet in den Bäumen und sollte einer den Bogen heben, reißt ihm die Waffe aus der Hand.«

Hu! Kauz ließ sich wieder auf Narzbork nieder und die Elstern, der Eichelhäher und Tannenmeisen krächzten und piepsten zustimmend.

»Aber bevor sie hier sind, verstecken wir anderen uns mit Narzbork im Wald. Dort können wir zuschlagen und uns schnell wieder verstecken. Das Feuer ist die größte Gefahr. Gegen Feuer können wir uns nicht wehren. Die Menschen dürfen also auf keinen Fall Öl vergießen. Wir müssen schnell die Soldaten angreifen, die die Fässer tragen. Am besten beißen Grimmbart und seine Sippe sie in die Waden.«

Die Dachse zischten Anders etwas entgegen.

»Was sind Waden und was sind Fässer?«, übersetzte Liva.

»Fässer sind große Behälter, fast wie ein Baumstumpf. Die könnt ihr gar nicht übersehen. Und das sind Waden.« Anders zeigte auf die Rückseite seiner Unterschenkel.

Die Dachse nickten und keuchten dabei heiser, was fast wie hämisches Gelächter klang.

»Wenn sie keine Fässer mehr haben, sind sie nur noch halb so gefährlich. Und ihr«, wandte sich Anders an Schlitzohr, Silvestra und den Uhu, »ihr lauert in den Bäumen und versucht, ihnen die Waffen wegzunehmen. Das, was sie in den Händen halten. Ohne Waffen werden sie sich hilflos fühlen.« Dann blickte er zum Hirsch. »Du solltest mit Milva auf die Lichtung treten. Die Furchtlosen nimmst du aufs Geweih und wirfst sie zur Seite.«

Der Hirsch röhrte und verneigte sich.

Anders blickte zum Waldsaum zurück. »Ich hoffe nur, dass wir sie so durcheinanderbringen, dass sie hier ganz verängstigt ankommen und vor Milva fliehen.«

»Und was mache ich?«, quiekte Liva.

»Du trägst mich«, antwortete Anders. »Mit deiner Schnelligkeit können wir alles im Auge behalten und helfen, wo es nötig ist.«

Liva senkte den Kopf und grunzte: »Ich will aber jemanden umrennen!«

»Dazu wird es ganz sicher kommen.« Anders lächelte grimmig.

»Und die Baronin?«

»Wir konzentrieren uns auf die Soldaten«, sagte Anders. »Sie sind gefährlicher. Umso mehr von ihnen eingeschüchtert sind, umso schwächer ist die Baronin.«

Schlitzohr reckte fauchend die Schnauze in die Höhe und schlug mit seiner Tatze in die Luft.

»Nein«, antwortete Milva. »Wir verjagen sie, verstanden?«

»Sie sollen ein für alle Mal Angst vor diesem Wald haben«, sagte Anders. »Die Furcht muss so groß sein, dass sie uns für immer in Ruhe lassen.« Bei dem Wörtchen *uns* bemerkte er, wie Liva über ihr ganzes Wildschweingesicht strahlte. »Also, ihr wisst, was ihr zu tun habt. Behaltet die Soldaten im Blick. Sobald sie auf den Tanzplatz der Leuchtkäfer kommen, tritt ihnen Milva in den Weg und Narzbork in ihren Rücken. Silvestra, Schlitzohr, Grimmbart und ihr anderen, bleibt auf der Hut. Gerade hier im Freien sind die Soldaten gefährlich.« Anders atmete tief durch. »Also dann.«

»Das ist dein Plan?«, ächzte Narzbork.

Anders nickte zögerlich. Ja, das war sein Plan. Etwas Besseres wusste er nicht. »So ist es«, antwortete er.

Die Luchse setzten sich auf ihre Hinterpfoten, die Dachse richteten sich auf und die Maus saß ganz ruhig im Geweih des Hirsches, der mit den Hufen scharrte. Kauz, die Elstern, der Eichelhäher und die Tannenmeisen schlugen einmal kurz mit den Flügeln, Uhu drehte seinen Kopf und Milva brummte: »So ist es.«

In diesem Augenblick krachte es dumpf vom Himmel. Alle zuckten zusammen und blickten starr vor Schreck nach oben. Der Wind war kräftiger geworden. Diesmal war es kein Paukendonner. Diesmal war es echter Donner, Himmelsdonner.

»Also los, Feenmensch«, ächzte Narzbork und löste sich als Erster aus der Starre. Mit weiten Schritten stampfte er durch die Farnsenke auf den Waldsaum zu. Auch die anderen schüttelten sich und brachen auf. Mit schnellen Sprüngen folgten die Luchse Narzbork und die Dachse schnüffelten ihnen nach. Milva nickte Anders noch einmal zu und zog sich mit dem Hirsch und der Maus ins Dickicht zurück, während die Vögel lautlos einen höheren Platz suchten und Uhu mit einem Flügelschlag Richtung Gurgelwasser flog.

»Endlich«, quiekte Liva. »Steig auf, Anders Feenmensch. Lass uns sehen, wie weit die Soldatenmenschen vorgedrungen sind.«

Anders schluckte. Nun war er so etwas wie ein Hauptmann, ein Hauptmann der Feen und Waldtiere. Er schwang sich auf Livas Rücken und schon preschten sie los.

~ 30 ~

Ganz kurz
Quelljungfer

Der rauschende Wind warf die Wipfel hin und her, als ein weiterer Donnerschlag den Himmel über Milvas Wald erzittern ließ, lauter und krachender als der letzte. Anders saß tief geduckt auf Livas Rücken und wagte kaum zu atmen. Jeden Moment konnten sie auf die Baronin und ihr Gefolge treffen. Er hoffte, dass Liva die Soldaten früh genug bemerkte. Hinter ihm und um ihn herum zogen Narzbork und die anderen durchs dunkle Unterholz. Er konnte sie zwar nicht sehen, aber er spürte, dass sie da waren. Nur kurz nahm er über sich Schlitzohrs silbergraues Fell wahr. Lautlos wie ein Geist huschte der Luchs durchs Geäst und wurde schon wieder vom tiefgrünen Blätterdach verschluckt.

Plötzlich hielt Liva mitten im Lauf inne und reckte den Rüssel in die Luft. »Sie sind ganz nah«, grunzte sie leise.

Anders spürte, wie sein Magen krampfte. »Ich höre und sehe nichts«, flüsterte er mit zittriger Stimme.

»Sie bewegen sich nicht«, quiekte Liva. »Sie trampeln an einer Stelle und die grelle Baronin kreischt. Was hat das zu bedeuten, Anders? Was machen wir, wenn die nicht kommen?«

Darauf wusste er keine Antwort. Legten sie bereits Feuer? »Hoffentlich machen sie nur eine Pause.« Wieder grollte der Donner und der Wind rauschte immer kräftiger.

»Wir stampfen sie zu Humus!«, knarzte Narzbork.

Anders erschrak. Wie aus dem Nichts stand der Baumwandler neben ihm und sah ihn an. Anders schüttelte schnell den Kopf. »Nein. Liva und ich schauen erst, warum sie nicht weiter in den Wald vordringen. Wartet hier, wir dürfen uns nicht zu früh zeigen. Aber seid bereit!«

Narzbork trat wortlos zurück und hielt sich still.

»Na dann, vorwärts«, quiekte Liva und setzte sich wieder in Bewegung.

Kurz darauf vernahm auch Anders leise Stimmen und ein stetiges Trampeln, Rascheln und Knacken. Dazwischen, eindeutig, immer wieder die Stimme der Baronin. »Steig ab«, raunte Liva und hielt an. Nachdem Anders von ihrem Rücken gerutscht war, verwandelte sie sich zurück. »Und jetzt ganz leise. Der Wind hilft uns.« Sie legte ihren Zeigefinger auf seine Lippen und sah ihn ernst an. Dann winkte sie ihm, ihr zu folgen.

Ganz langsam und vorsichtig näherten sich die beiden Schritt für Schritt den Stimmen. Anders atmete schnell und flach. Sein Herz schlug ihm bis zum Hals, als hätte er eine Trommel in der Brust. Liva ging hinter einem Busch mit unzähligen fedrigen Blättern und buschigen weißen Blüten in die Hocke und bog mit ihrer Hand ein paar Äste herunter. Durch die Lücke blitzte das Weiß-Purpur-Silber der Uniformen von Schloss Heckenrose. Kaum fünf Schritte entfernt standen die Soldaten eng beisammen. Sie wirkten erschöpft und beäugten mit einer Mischung aus Faszination und Furcht das undurchdringliche Grün um sie herum. Die beiden Fässer hatten sie abgestellt. Wenige Schritte abseits lehnte der Jäger an einem Baum und beobachtete die Soldaten. Seine Hunde waren nicht bei ihm. Anders atmete erleichtert aus. Noch wurde kein Feuer gelegt.

»So ein zähes Gestrüpp«, keuchte ein Soldat, der seinen Helm abgenommen hatte und ein Beil mutlos in der Hand hielt.

»Stell dich nicht so an«, zischte die Baronin. »Los, hack es fort!«

Aber Hauptmann von Schneid schüttelte den Kopf. »Wenn wir so weitermachen, brauchen wir eine Ewigkeit, um geordnet voranzukommen.«

Wieder grollte ein Donnerschlag über dem Wald, direkt gefolgt von Graf Pelz' Kläffen. Schlagartig sahen alle Soldaten zum Blätterdach, an dem der Wind kräftig rüttelte.

»Wie weit ist es noch bis zur Lichtung?«, wandte sich von Schneid an den Jäger.

Der zuckte bei der Frage ein wenig zusammen und strich verlegen über sein Wams. »Noch ein gutes Stück, denke ich, nach dort«, murmelte er und zeigte auf den Busch, hinter dem Liva und Anders kauerten.

»Wenn hacken zu mühsam ist, dann legt Feuer!«, brach es schrill aus der Baronin hervor. »Macht schon. Der Wind wird es in die richtige Richtung treiben.«

»Jawohl!«, rief von Schneid. »Legt Feuer! Gießt das Öl aus und entzündet es, zackig!«

Anders stockte der Atem. Das war das Schlimmste, was passieren konnte. Er musste etwas unternehmen. Aber was? Hilflos sah er zurück in der Hoffnung, Narzbork zu entdecken. Jetzt zählte jeder Augenblick.

»Was machen die da?«, quiekte Liva kaum hörbar.

Schon schlugen die Soldaten die Fässer an und verteilten das zäh gluckernde Öl auf dem Waldboden und den Büschen.

»Feuer«, stammelte Anders.

»Wir müssen sie aufhalten, schnell!«, zischte sie.

Da durchfuhr ein greller Blitz den Himmel und ließ das Blätterdach aufflackern. Alle blickten schlagartig nach oben, als ein weiterer Donnerschlag krachte und urplötzlich heftiger Regen auf den Wald herabprasselte.

»Das gibt es doch nicht«, brüllte von Schneid und reckte wütend seine Faust zum Himmel. »Musst du vermaledeiter Feenforst uns denn ständig in die Quere kommen?«

Das Wasser durchnässte Anders' Haare und Kleidung. Bei diesem Regen würde nichts brennen. Erleichtert juchzte er und richtete sich auf.

»Seht nur, da!«, rief der Jäger und zeigte auf Livas und Anders' Versteck. »Der Thronräuber!«

Anders erstarrte. Alle Augen richteten sich auf die Lücke im Busch.

»Schnappt ihn!«, keifte die Baronin.

»Schnappt ihn!«, brüllte von Schneid.

Schon ging ein Ruck durch die Soldaten und sie sprangen auf Liva und Anders zu.

Liva schnellte hoch. »Weg hier.«

»Ja, weg hier!«, japste Anders und lief los.

»Nicht da lang.«

Aber schon hastete er, ohne zurückzublicken, direkt ins Unterholz. Äste schlugen ihm ins Gesicht. Er riss die Arme hoch und lief, einfach nur weg, weg von den Soldaten.

»Mir nach. Ich habe ihn. Hier!«, brüllte plötzlich einer.

Anders hörte die schweren Schritte seines Verfolgers.

»Hier her! Zu mir.«

Er sah zurück. Die weiß-purpur-silberne Uniform brach durch das grün-braune Gestrüpp. Der Soldat war dicht hinter ihm und pflügte mit gezogenem Schwert durchs Unterholz. *Wenn ich doch nur flink und klein wäre*, dachte Anders verzweifelt und rannte, was die Beine hergaben. *So klein wie ein Insekt.* Sein Fuß blieb an einer Wurzel hängen. Er strauchelte, konnte sich aber fangen und machte einen Satz auf einen umgefallenen Baum, der morsch unter seinem Tritt zusammenbrach. Anders stürzte und fiel. Jetzt war es aus. Jeden Augenblick würde der Kerl über ihm stehen. Doch er schlug nicht auf den Boden auf. Zu seiner Überraschung waren die Pflanzen um ihn herum mit einem Mal riesengroß und der Wind, der eben noch an allem gezerrt und gerüttelt hatte, tat das noch immer, aber irgendwie viel langsamer. Trotzdem spürte Anders seine Kraft. Er musste sich dagegenstemmen und schlug heftig mit den Flügeln, um nicht davongetragen und gegen den nächsten Baumstamm gedrückt zu werden.

Auch der Soldat war riesengroß und unglaublich langsam. Anders konnte jede einzelne Regung und Bewegung wahrnehmen, ganz so, als würde sich der Soldat durch zähen Morast schieben. Der hielt inne und sah sich um. Es war der alte Haudegen, der erste Freiwillige, der sich dem Trupp angeschlossen hatte. Mit gezogenem Schwert stand er direkt vor Anders, der vielleicht eine

Armlänge vor dessen Gesicht schwebte. Herb-säuerlich drang der Menschengestank durch den frischen Regen. Anders konnte es spüren, mit seinen Fühlern. Mit seinen Fühlern? Er stutzte. Flügel, Fühler, Schweben, was war los mit ihm? Er hatte auf einmal einen langen schillernden Körper, wie eine Libelle. Hatte er sich verwandelt?

»Das gibt's doch nicht! Wo ist er hin?«, schimpfte der Haudegen und drehte seinen Kopf nach rechts und nach links. »Wo bist du? Ich finde dich schon! Warte nur.«

Anders konnte sein Glück kaum fassen. Er war eine Libelle, eine Quelljungfer, klein und flink! So würde ihn der Kerl niemals kriegen. Er musste nur wegfliegen und sich unter einem Blatt verstecken. Er schlug mit den Flügeln, drehte seinen Körper und surrte los. Da traf ihn ein fetter Regentropfen und warf ihn zu Boden. Mit einem Mal war alles wieder normal, die Pflanzen, das Moos, der Wind. Er spürte den feuchten Waldboden unter seinen Händen und erschrak. Er war wieder Feenmensch und kroch auf allen vieren.

»Da bist du ja«, rief sein Verfolger. »Jetzt habe ich dich, Thronräuber!«

Anders fuhr herum und sah, wie der Soldat sein Schwert hochriss, um ihn zu erschlagen, als plötzlich der Boden donnerte und Anders ein vertrautes Schnaufen vernahm. Liva! Der Haudegen fuhr herum. Schon traf ihn die volle Wucht eines galoppierenden Wildschweins, die ihn von den Beinen riss. Er landete hart neben Anders. Wie aus dem Nichts tauchte ein grüner Schatten auf und verschluckte den Soldaten. Kein Schrei, kein Schwert. Der Haudegen war fort.

»Weiter, Feenmensch«, ächzte Narzbork leise und schob sich geräuschlos an Anders und Liva vorbei. Durch die Äste und Nadeln blitzte die weiß-purpur-silberne Uniform des Haudegens. Wo brachte Narzbork ihn hin?

Der Wind hatte sich gelegt. Aber der Regen prasselte unablässig auf den Wald hinab und tropfte von den Blättern. »Du bist ganz weiß im Gesicht«, grunzte Liva. »Steh auf!«

Anders atmete schwer. Sein Herz pochte so wild, als wolle es ihm aus der Brust springen. »Ich«, stammelte er. Aber rundherum wurden jetzt weitere Stimmen laut. »Wo ist der Thronräuber?«, fragte eine lauthals. »Ich kann euch nicht finden«, rief eine andere. Und eine Dritte fragte ganz in der Nähe ängstlich: »Hartmann? Hartmann! Wo sollen wir hinkommen?«

»Halt dich still«, quiekte Liva und spähte ins Dickicht.

Anders saß noch immer ganz verdattert im Moos. Hatte er sich eben wirklich in eine Quelljungfer verwandelt? Das war keine Einbildung gewesen, da war er sich sicher. Hatte er doch einen kleinen Rest Feenkraft in sich?

»Kompanie zu mir!«, riss ihn von Schneids Stimme aus seinen Gedanken.

»Wohin?«, antwortete die ängstliche Stimme in Anders' und Livas Nähe.

Anders hielt die Luft an. Liva war angespannt.

»Ich weiß nicht«, rief von Schneid. »Folgt einfach meiner Stimme.«

»Jawohl, Hauptmann«, entgegnete der Soldat.

Zu Anders' und Livas Rechten knackte und raschelte es. Der Soldat kam direkt auf sie zu. Liva scharrte mit den Hufen. Sie senkte den Kopf. Schon blitzte das Weiß-Purpur-Silber durchs Unterholz, als es einen dumpfen Schlag tat und ein erstickter Schrei folgte. Liva hob die Hauer und sah Anders überrascht an. »Komm«, grunzte sie und lief auf die Stelle zu, wo eben noch die Uniform durchgeblitzt hatte. Wenige Schritte weiter entdeckten die beiden Schlitzohr, der auf dem Soldaten saß und ihm leise knurrend seine Tatze auf den Mund drückte. Silvestra stand neben ihm und hob mit dem Maul das Schwert auf. Der Soldat war kreidebleich. Seine vor Schreck geweiteten Augen rasten zwischen den Luchsen hin und her. Liva trat an den Soldaten heran und grunzte leise: »Raus aus Bärenmutters Wald!«

Die Luchse knurrten feindselig.

»Geh fort und komm nie wieder!«, quiekte Liva grimmig.

»Das ist Feenheimat«, raunte Anders und atmete schnell. »Verschwinde zum Dorf, leise und ohne Worte!«

Als der Soldat, so gut es ihm unter der Luchstatze möglich war, nickte, ließ Schlitzohr von ihm ab. Zitternd rappelte er sich auf und verschwand. Silvestra schob das Schwert in einen Brombeerbusch.

»Gut gemacht, ihr beiden!« Anders strahlte die Luchse an, die darauf ins Unterholz tauchten.

Da erklang von Schneids Stimme: »Hier sind wir!«

»Komm«, quiekte Liva. »Weiter!«

Anders nickte und folgte ihr. Auf sein Gesicht schlich sich ein Lächeln. Es hatte sich gut angefühlt, die Feenheimat zusammen mit Schlitzohr und Silvestra zu verteidigen. Er hatte einen letzten Rest Feenkraft und musste es Liva erzählen, jetzt, sofort. »Weißt du«, flüsterte er. »Vorhin, als du mich vor dem Soldaten gerettet hast, da habe ich mich – «

»Still«, unterbrach sie ihn und blieb stehen. Links schimmerte eine weitere weiß-purpur-silberne Uniform durchs Dickicht, verschwand aber unmittelbar mit einem Schrei. Die beiden liefen zu der Stelle, von der ein garstiges Schnarren aus mehreren Kehlen erklang. Grimmbart und seine Dachse hatten einen Soldaten zu Fall gebracht und knurrten ihn jetzt so fürchterlich an, dass dieser starr am Boden kauerte. Tränen liefen ihm über seine Wangen und er hielt sich die Bisswunden. Anders beugte sich zu ihm und zischte: »Still, dann geschieht dir nichts.«

Liva grunzte den Soldaten bedrohlich an.

»Das Riesenwildschwein«, stammelte dieser. Aus seinem Gesicht sprach die blanke Furcht.

Anders nickte. »Geh zurück zum Dorf, und sag allen, dass der Wald für sie verboten ist! Er verschluckt euch, wenn ihr noch länger hierbleibt. Dreh um und verschwinde! Das ist besser für dich, für euch alle.«

Eilig nickte der Soldat und stand auf. Nachdem Liva einen kurzen Ruck auf ihn zu gemacht hatte, sprang er davon und suchte humpelnd das Weite.

»Weiter so!« Anders nickte den Dachsen dankend zu, worauf Grimmbart sich auf seine Hinterpfoten stellte, als wolle er salutieren. Dann verschwand er mit den Seinen im Unterholz.

»Dieser verdammte dichte Wald!«, schrillte die Stimme der Baronin durchs Dickicht, gefolgt von ängstlichem Kläffen. »Faulenz! Von Schneid! Eilt euch! Zur Lichtung. Der Thronräuber flieht sicher dorthin.«

»Jawohl, Herrin«, erklang von Schneids Antwort. »Alle übrigen Mann, marsch!«

»Lass uns sehen, wie viele noch übrig sind«, grunzte Liva. »Steig auf!«

Sie brauchten nur von Schneids Fluchen und Graf Pelz' Kläffen zu folgen und kamen dem Haupttross immer näher. Als sie ihn erspähten, stolperte er wie eine lang gezogene Schlange durch Milvas Wald, immer auf die Farnsenke zu. Der Jäger wies die Richtung, während zwei Soldaten mit den Beilen den Weg frei hackten. Anders zählte. »Nur noch zehn, nein, neun.« Nach einem flüchtigen Blick konnte er den Letzten in der Reihe nicht mehr entdecken. Der Zehnte musste Narzbork oder den Waldtieren begegnet sein.

»Da ist Licht«, rief plötzlich der erste Soldat und ließ sein Beil sinken.

»Das muss die Lichtung sein«, antwortete der Jäger.

»Also dann, strammen Schrittes voran!«, rief von Schneid. »Durchzählen!«

Aber mehr als die schrille Eins der Baronin, Faulenz' Zwei, die Drei des Jägers, Graf Pelz' gebellte Vier und ein paar wenige weitere Zahlen folgten nicht. Die Waldtiere und Narzbork hatten ganze Arbeit geleistet.

~ 31 ~

Auf dem Tanzplatz
der Leuchtkäfer

Anders und Liva streckten ihre Nasen durch die Büsche, die sie vom Tanzplatz der Leuchtkäfer trennten. Ein Soldat nach dem anderen stolperte in den Farn und den strömenden Regen. Mitten unter ihnen Härtha und Faulenz von Heckenrose, der Graf Pelz im Arm hielt. Nur der Jäger blieb zögerlich im Schutz der Bäume am Rand der Lichtung stehen und ließ seinen Blick schweifen. Schnell sammelten sich die Soldaten um Hauptmann von Schneid und die Baronin, die zurückblickte und rief: »Sind das alle? Wo ist der Rest?«

Von Schneid fuhr herum und zählte seine Männer.

»Nur noch fünf«, flüsterte Anders erleichtert.

»Und so schön beisammen«, grunzte Liva grimmig. »Wenn ich da reingaloppiere, reiße ich gleich drei um.«

»Noch nicht«, raunte Anders. »Warte.«

»Wo sind denn jetzt die anderen?« Faulenz klang ganz und gar nicht glücklich und drückte Graf Pelz fest an sich.

»Und wo sind der Jäger und diese Bärenmutter?«, schrie die Baronin schrill.

Anders blickte zurück zu der Stelle, wo der Jäger stehen geblieben war. Zu seiner Überraschung war er nicht mehr dort. War Narzbork der Grund oder hatte sich der Jäger nur verdrückt?

In diesem Moment erschallte fürchterliches Gebrüll und mit weiten Sätzen sprang ein riesiger grau-schwarzer Zottelbär in die Farnsenke, dass die Erde nur so donnerte. An seiner Seite stürmte der Hirsch die Lichtung, in dessen Geweih die Maus saß. Faulenz ließ vor Schreck Graf Pelz fallen, der kläffend im Farn versank. Schrill schrie die Baronin auf, während Hauptmann von Schneid das Horn vom Gürtel riss, um zum Angriff zu blasen. Heraus kam aber nur ein heiserer Hauch, der in kläglichem Tröten erstarb. Der Bär richtete sich zu seiner vollen Größe auf. Die Soldaten packten ihre Schwerter und zogen so panisch daran herum, dass sie sie samt Scheide vom Gürtel rissen, sich um sich selbst drehten oder durch die Wucht beim Herausziehen die Waffen von sich warfen. Im Angesicht des bedrohlichen Bärenmonsters ließen die beiden Beilschwinger vor Schreck die Äxte fallen.

»Formation!«, schrie die Baronin.

»Formation!«, rief von Schneid. »Verteidigt den Bären, greift die Herrin an! Nein, ich meinte, greift die Bärin und verteidigt den Herrn an!«

Aber die Soldaten standen nur zitternd um ihren Hauptmann. Anders sah, wie Narzbork aus dem Dickicht hinter die Soldaten trat und sich auf der anderen Seite der Senke der Farn bewegte. Dort schlichen sich Schlitzohr, Silvestra, Grimmbart und die anderen Dachse heran. Milva dagegen schritt ganz langsam und bedächtig auf die Baronin und ihr Gefolge zu.

»Schießt!«, rief von Schneid. »Schützt die Baronin!«

Vier der fünf verbliebenen Soldaten rissen sich die Bögen vom Rücken und fummelten nach ihren Pfeilen. Aber noch bevor der Erste seinen Bogen samt Pfeil auf Milva richten konnte, schossen Kauz, Uhu und die anderen Vögel aus den Baumwipfeln, glitten lautlos über die Senke, schlugen ihre Klauen in zwei der Bögen und hoben sie kurz darauf mit sich in die Luft. Den verdatterten Soldaten blieb nur das Nachsehen, während der dritte Bogenschütze wie wild zu tanzen und zu schreien begann. Er warf den Bogen von sich, hüpfte auf und ab und klopfte auf seiner Uniform herum, als wolle er lästiges Ungeziefer loswerden. Anders sah zum Hirsch, der jetzt mit den Hufen scharrte und sein Geweih bedrohlich gesenkt hatte. Die Maus konnte er dort nicht mehr entdecken.

»Steig auf! Ich will nicht mehr warten«, grunzte Liva in diesem Augenblick. »Sonst musst du eben hierbleiben.«

Anders schluckte und sprang auf ihren Rücken. Schon ging ein Ruck durch das Wildschweinmädchen. Mit Mühe konnte er sich in ihren Borsten festhalten, als sie mit donnerndem Schweinsgalopp in die Senke hinab und auf den letzten Bogenschützen zuschoss. Mit angstgeweiteten Augen starrte dieser das rasende Wildschwein an. Zitternd ließ er die Bogensehne schnalzen, ohne dass ein Pfeil aufgelegt war. Schon traf ihn Livas Wucht. Eine gute Bärenlänge flog er durch die Luft und krachte auf den Boden. Liva raste in den aufgebrachten Soldatentrupp. Anders duckte sich tief auf sie, als ihn plötzlich ein heftiger Ruck von ihrem Rücken riss. »Anders!«, vernahm er ihr Quieken und landete hart im Farn.

Schon beugte sich das wutverzerrte Gesicht der Baronin über ihn. »Ich habe ihn«, schrie sie schrill. »Von Schneid, erschlag ihn, sofort! Erschlag ihn!«

Aber der Hauptmann brüllte einen ganz anderen Befehl: »Rückzug! Hinaus, hinaus aus dem verfluchten Wald! Locken wir den Feind auf günstiges Terrain.« Er schmiss das Horn von sich und lief die Farnsenke hinauf zurück in den Wald.

Die Soldaten nahmen sofort ihre Beine in die Hand, als hätten sie nur auf diesen Befehl gewartet. Narzbork ließ sie ziehen. Anders' Atem ging schnell. Angsterfüllt starrte er auf Härtha von Heckenrose. »Nein! Was macht ihr Taugenichtse?«, schrie sie und sah gehetzt in die eine und dann in die andere Richtung. »Bleibt hier! Ich habe ihn doch! Ich …« Heiser erstarb ihre Stimme.

Die Soldaten hatten das Weite gesucht und nach einem letzten rumpelnden Donner ließ der Regen nach. Härtha und ihr Sohn waren allein inmitten des Feenwaldes. Der Griff der Baronin lockerte sich. Augenblicklich schob sich Anders von ihr weg und rappelte sich auf. Mit einem Satz war Liva an seiner Seite und blickte die Eindringlinge finster aus ihren Schweinsäuglein an. Verängstigt sah sich Faulenz um, während seine Mutter auf Milva starrte, die bedrohlich brummend vor ihr stand. Hier und da kläffte es aus dem Farn.

»Von Schneid?«, wimmerte die Baronin, ohne den Blick von dem Bären zu lassen. »Von Schneid? Bei Fuß! Steht mir bei! Wo seid Ihr?«

»Er ist fort, Mutter«, stammelte Faulenz. »Wir sind allein. Und wir sollten die Tiere nicht weiter verärgern, finde ich. Du hast schon genug angerichtet.«

»Von Schneiiiiid!« Härtha von Heckenrose schien das, was ihr Sohn gesagt hatte, vollkommen egal.

Da brüllte Milva ihr ins Gesicht. Härtha war schlagartig still. Liva und Anders traten einen Schritt zurück, während die Maus wieder ins Geweih des Hirsches kletterte, der stolz an Milvas Seite trat und schnaubte. Kauz, Uhu und die anderen Vögel ließen die Bögen fallen und landeten auf Narzborks Wipfel, der sich lautlos bis auf wenige Schritt an Härtha und Faulenz heranschob. »Ich könnte die Menschlein auf meiner Insel tief in die Erde drücken, damit sie Nahrung werden«, ächzte er.

Faulenz und Härtha fuhren herum. »Ein spr-spr-sprechender Ba-ba-baum?«, stammelte Faulenz und schluckte trocken. Graf Pelz war das erste Mal ganz still.

»Ein guter Gedanke«, brummte Milva und nickte Narzbork zu. Aus dem Farn erhoben sich die Luchsköpfe. Schlitzohr fauchte bedrohlich. Und auch die Dachse streckten ihre Schnauzen vor Wut schnarrend und zischend in die Höhe. Die Baronin und ihr Sohn waren umzingelt.

»Bitte«, jaulte die Baronin plötzlich. »Ehrwürdige Bärenmutter, Ihr seid die Herrin des Feenwaldes.« Das letzte Wort klang, als schmeckte es sehr bitter. »Und ich bin die Herrin der Menschenwelt, dort, hinter dem Fluss. Sollten wir uns nicht mit Respekt, wie Gleiche, begegnen?«

»Du wolltest mich und Anders tot sehen.« Milvas Stimme klang kalt und abweisend. Ihre eisblauen Augen fixierten Härtha von Heckenrose. »Und, wolltest du nicht meine Heimat mit Feuer niederbrennen? Wenn ich dir auf gleiche Art begegnen soll, dann kann ich dem Baum nur zustimmen. Soll er dich und deine Brut mitnehmen. Dann haben wir Feen endlich Ruhe vor dir und die Menschen werden das nicht so schnell vergessen. Der Hund kann gehen, aber ihr beide werdet meinen Wald nie mehr verlassen.«

Die Baronin starrte Milva sprachlos an. Und auch ihrem Sohn

stand der Mund offen. Plötzlich fiel Härtha auf die Knie. »Ich bitte dich um Gnade. Das kann nicht dein Ernst sein. Ihr Feen könnt doch nicht so kaltherzig – «

»Kaltherzig?« Milva schnitt ihr das Wort ab. »Was soll das heißen?« Sie blickte zu Narzbork, der nur ratlos die Armäste verschränkte. »Das verstehe ich nicht. Und eigentlich interessiert es mich auch nicht. Wer meine Heimat stört, wird gerissen, wird vergraben, sodass er mir und den Meinen nicht mehr schaden kann.«

Die Luchse und Dachse knurrten bekräftigend.

Liva stupste Anders mit der Schnauze an. »Ich weiß nicht«, murmelte sie. »Das fühlt sich nicht gut an, wenn Milva macht, was die Baronin mit uns tun wollte.«

Anders nickte. Ihm gefiel das ebenfalls nicht. Auch wenn Härtha ihn gejagt hatte und töten lassen wollte, irgendwie tat sie ihm leid, wie sie da kniete und flehte. Sie hatte sicher schreckliche Angst. Er wünschte sich, dass Milva besser war als Härtha von Heckenrose und hob einen Finger, um etwas zu sagen. Aber Milva blickte zu Narzbork und brummte: »Pack sie und vergrabe die beiden am Nebelsee, damit sie uns nicht mehr bedrohen können.«

Anders schluckte.

Die Baronin sprang auf und hielt Milva ihre Faust entgegen. »Das kannst du nicht machen«, keifte sie. »Ich bin die Herrin dieses Landes. Du musst mir gehorchen! Ihr alle müsst mir gehorchen!«

Milva trat einen Schritt auf Härtha zu und brüllte sie an. Die Baronin verstummte und wich zurück. Faulenz sah zu Anders herüber und warf ihm einen flehenden Blick zu. »Anders, ich wollte das alles nicht, glaub mir«, rief er mit brüchiger Stimme. »Hilf uns, bitte! Wir sind doch Freunde.«

Jetzt sah auch die Baronin Anders an. Ihr Blick sprühte noch immer vor Hass. Aber sie versuchte zu lächeln, was ihren Mund grotesk verzerrte. Anders atmete tief durch. Was sollte er tun? Wenn die Baronin verschwand, wäre er nicht mehr in Gefahr. Aber hatte Faulenz dieses Schicksal verdient? Er hatte keine Schuld an den Gemeinheiten seiner Mutter und litt genauso unter ihr wie Anders und alle anderen. Ohne sie war er eigentlich immer nett gewesen.

»Bitte«, flehte Faulenz erneut. »Es tut mir alles ganz schrecklich leid. Ich wollte nie Bäume umhauen. Ich wollte gar nicht hier sein.«

»Wartet«, rief Anders und ging auf Milva zu. »Ich bitte dich. Lass sie ziehen. Sie kommen sicher nicht wieder und die Menschen werden nach heute deinen Wald auf alle Tage in Ruhe lassen.« Er blickte auffordernd zu Faulenz.

»Nein, nein«, knarzte Narzbork krachend. »Wir müssen sie tief in die Erde drücken, damit Gutes aus ihnen wird.«

»Ich wollte nie herkommen«, wiederholte Faulenz schnell und richtete sich nun an Milva. »Und ich will auch nicht Baron sein und irgendein Land beherrschen. Wenn Ihr mich und Mutter aus dem Wald bringt, soll Anders Baron werden. Das schwöre ich bei meiner Ehre. Anders wird Baron und nie mehr kommt ein Mensch in diesen Wald.«

»Was?!«, rief Härtha empört. »Was faselst du da?«

Graf Pelz kläffte aufgebracht unter dem Farn.

»Ich?«, stammelte Anders kopfschüttelnd. »Baron?«

»*Du* bist der rechtmäßige Erbe der Baronie!«, schrie Härtha ihren Sohn an. »Niemals darf eine minderwertige Fee oder ihr Balg über Heckenrose herrschen. Verstehst du? Wer fegt denn dann den Dreck von der Straße? Wer zündet die Kamine im Schloss an?

Das kannst du doch keinem Menschen zumuten! Wo warst du mit deinem Kopf, als ich dir das alles beigebracht habe?«

»Sei still, Mutter«, zischte Faulenz leise.

Härtha schnappte nach Luft. Fassungslos starrte sie ihren Sohn an.

»Ich will auf keiner Nebelinsel vergraben werden, egal ob als Erbe oder Nichterbe.« Faulenz atmete schwer.

»So, Bürschchen!« Härtha machte einen Schritt auf ihren Sohn zu, erhob ihren Zeigefinger und drückte ihn ihm auf die Brust. »Jetzt hörst du mir mal gut zu: Diese Baronie hat genug Probleme mit Feen gehabt.« Ihre Stimme war zunächst bedrohlich leise, schwoll aber immer mehr an. »Dein Vater mag sich mit diesen Nichtmenschen abgegeben haben. Bis heute verstehe ich nicht, warum er sich so tief herabgelassen hat. Das Ergebnis siehst du ja. Es bringt Ärger, nichts als Ärger und Unannehmlichkeiten.« Jetzt überschlug sich ihre Stimme in einer schrillen Schimpftirade. »Ich habe nicht umsonst dieses dreckige Pack aus unserem Leben ferngehalten und ihre Schlupfwinkel ausräuchern lassen, damit dir ein solcher Fehler nicht unterläuft. Damit du rein bleibst und keine Hirngespinste über freundliche Feen spinnst. Ich will das nicht und du willst es auch nicht. Verstanden?«

Faulenz trat von ihr zurück. »Es reicht mir, dass du immer sagst, was ich zu wollen habe«, schimpfte er zurück. »Ich will das nicht mehr.«

»Du wagst es, die Stimme gegen deine Mutter – «

In diesem Moment holte Narzbork aus und schlug Härtha mit seinem Astarm auf den Kopf, dass ihr Hut platt gedrückt wurde. Schlagartig sank die Baronin zu Boden und blieb reglos liegen.

Anders' Entscheidung

»Narzbork!«, rief Anders erschrocken.

Faulenz starrte den Baum mit großen Augen an. Graf Pelz sprang seinem Herrchen vor Schreck in den Arm.

»Was hast du getan?«, quiekte Liva. Sie trat zur reglosen Baronin und schnüffelte an ihr.

»Sie hat geschnattert wie eine wütende Elster«, antwortete der Baumwandler. »Das war zu viel.«

»Ist sie …?«, fragte Anders zögerlich.

Aber da regte sich die Baronin schon wieder. Sie stöhnte und hielt sich den Kopf. »Warum dreht sich alles?« Sie blickte zum Himmel und strich sich die nassen Haarsträhnen aus dem Gesicht. »Und was mache ich hier im Freien neben einem Wildschwein?«

»Geht es dir gut?«, fragte Faulenz fassungslos.

»Natürlich. Warum nicht?« Härtha hielt einen Arm hoch.

Anders griff danach und half ihr auf die Beine. Härtha sah ihn und die ganze Gruppe überrascht an. »Was machen all diese Wesen in meinem Garten? Ein Wildschwein und ein Bär? Hier?« Sie sah sich um. »Und diese großen Katzen da. Und was ist das?«

»Das sind Dachse«, grunzte Liva. »Weißt du denn gar nicht, was hier los ist?«

»Das Schwein kann sprechen!« Härtha blickte Liva fasziniert an.

»Ähm, ja, Mutter«, stammelte Faulenz. »Und das ist nicht dein Garten.«

»Wieso nennt er mich Mutter und warum ist das nicht mein Garten?« Härtha schien überrascht.

»Na«, stotterte Faulenz. »Ich bin dein Sohn, Faulenz von Heckenrose. Erkennst du mich denn nicht?«

Die Baronin sah ihn ein wenig genauer an, schürzte die Lippen und warf ihre Stirn in Falten. »Ich habe ihn schon einmal gesehen, meine ich«, murmelte sie langsam. »Nun ja.« Sie zupfte ihre Kleider zurecht und beulte den Hut aus. »Ich hätte jetzt gerne …« Sie zögerte und schien angestrengt nachzudenken.

»Wein und geröstete Mandeln?«, fragte Faulenz.

Ein breites Lächeln zog sich über Härthas Gesicht. »Ja, genau das wäre jetzt richtig. Wohl gesprochen, mein … äh … Sohn?«

»Ich weiß, wo es das gibt, Mutter. Wir müssen aber fragen, ob wir den Wald verlassen dürfen.« Faulenz wandte sich an Anders und Liva. »Ich verspreche euch hier vor meiner Mutter und der Herrin des Waldes, dass du, Anders, der rechtmäßige Thronerbe und zukünftige Baron bist. Einverstanden, Mutter?«

Liva blickte gebannt von Faulenz zur Baronin.

Härtha setzte sich den Hut auf. »Wenn du meinst. Hauptsache, ich bekomme bald Wein und geröstete Mandeln.«

Anders stand einfach nur mit offenem Mund da und machte ein ungläubiges Gesicht. Liva fragte sich, ob er jetzt wirklich baronerich war. Musste er dann wieder zurück, weg von Milvas Wald, und ganz woanders leben? Ihr Wildschweinschwanz schlug nervös hin und her.

»Vergraben oder nicht?«, knarzte Narzbork plötzlich.

»Schäm dich!«, grunzte Liva.

Milva schüttelte ihren schweren Bärenkopf.

»Mmh«, ächzte der Baumwandler und ließ seine Armäste hängen.

»Können wir nun dorthin, wo es Wein und Mandeln gibt?«, fragte Härtha ein wenig vorwurfsvoll. »Meine Kleidung ist ganz durchnässt. Das ist kein guter Tag für einen Ausflug in einen Garten, in dem sprechende Bären, Schweine und Bäume leben. Wir sollten hier sein, wenn die Sonne scheint.«

»Still, Mutter«, zischte Faulenz und fragte vorsichtig: »Anders, was sagst du?«

Graf Pelz kläffte, als wolle er die Frage seines Herrchens unterstützen.

Liva sah zu ihrem Feenmensch-Freund, der langsam nickte und plötzlich energisch den Kopf schüttelte. Sie schob sich neben ihn und stupste ihm in die Seite. »Was nun?«

Anders blickte zu ihr hinab und lächelte schwach. Dann sah er wieder zu Faulenz. »Ich will kein Baron sein. Ihr könnt den Wald verlassen und du wirst Baron werden, Faulenz, wie es deine Mutter wünscht.«

»Tue ich das?«, fragte Härtha beiläufig.

»Aber es gibt eine Bedingung«, hob Anders bestimmt an. »Mein ganzes Leben habe ich erfahren, wie hartherzig Menschen gegenüber Feen sind, nur weil meine Mutter eine Fee war. Aber sie hatte nie jemandem etwas getan. Auch ich habe nie jemandem Leid zugefügt. Feen machen für euch all das, für das ihr euch zu schade seid. Und trotzdem behandelt ihr sie wie Fußabtreter.« Seine Stimme begann zu zittern. »Dabei verlieren wir das, was uns ausmacht. Wir sind mehr als die Diener der Menschen. Wir sind Feen. Wir sollten leben, wie es für uns richtig ist! Wir sind gleich viel wert wie Menschen und niemand darf uns benachteiligen, nur weil wir anders sind. Ich will, dass wir überall unbehelligt leben können und niemandem dienen müssen. Denn Feen haben die gleichen Rechte wie Menschen.« Anders' Blick war sehr ernst. »Und dieser Wald gehört nicht zu deinem Land. Er ist ein Feenwald.«

Liva wollte vor Freude platzen. Da wandte sich Anders an Milva. »Und ihr verängstigt die Menschen nicht. Ihr sprecht mit ihnen. Und die Menschen sprechen mit euch. Es gibt immer einen Weg, gut miteinander auszukommen.«

Milva ließ sich mit einem *rums* auf ihre Vordertatzen fallen. Narzbork schüttelte seine Nadeln, dass es nur so raschelte.

Anders' Stimme wurde nun etwas leiser. »Ich selbst würde gerne hierbleiben.«

Liva spürte, wie ihr Herz einen Hüpfer machte. Sie blickte zu Milva, die kaum merklich nickte.

»Mehr will ich nicht«, schloss Anders.

»Das klingt vernünftig«, sagte die Baronin. »Oder?«

Faulenz, der Anders aufmerksam zugehört hatte, starrte seine Mutter überrascht an und murmelte: »So kenne ich dich gar nicht.«

»Faulenz!«, sagte Anders. »Versprich mir vor allen hier versammelten Zeugen, dass du als Baron diese Wünsche ernst nimmst und achtest.«

»Sonst?«, fragte Härtha gespannt und sah Anders erwartungsvoll an.

»Sonst …«, er blickte in die Runde seiner Kampfgefährten.

»Sonst werdet ihr meinen Wald nie mehr verlassen«, brummte Milva an seiner Stelle.

Anders nickte. »Ich hoffe einfach, dass dein Sohn besser ist als du.«

Härtha sah zu Faulenz und sagte: »Da bin ich mir ganz sicher.«

Faulenz schluckte. »Ich wollte das nie«, bemerkte er langsam. »Ich habe nichts gegen Feen. Warum auch? Ich habe immer gerne mit dir gespielt, und du warst immer nett zu mir. Ich will nicht wie meine Mutter sein. Ich will, dass es allen gut geht und Menschen und Feen gerne auf Schloss Heckenrose sind. Mutter hat mir von der Prophezeiung erzählt, die Schillack in den Sternen gelesen hat, und wollte sie verhindern.«

»Wirklich?«, murmelte Härtha. Überrascht sah sie zwischen Anders und ihrem Sohn hin und her.

»Ich will das nicht«, fuhr Faulenz fort. »Ich möchte auch nicht der Baron sein, den Mutter wollte. Ich möchte nett sein und die achten, die mich unterstützen, egal ob Küchenjunge oder Hofmarschall, egal ob Fee oder Mensch. Wenn die Sterne sagen, dass wir gemeinsam friedlich leben sollen, dann will ich das, versprochen!« Er atmete schnell und hielt mit einem zaghaften Lächeln auf den Lippen Anders die Hand hin, und Anders schlug ein. Dann machte Faulenz etwas, das Liva wirklich stutzen ließ. Er drehte sich zu Milva, trat auch auf sie zu und streckte auch ihr die Hand hin. Graf Pelz drückte sich wimmernd an sein Herrchen. »Das verspreche ich nicht nur Anders«, sagte Faulenz feierlich,

»sondern auch der Herrin des Waldes, vor allen hier anwesenden Zeugen.«

Narzbork schob die Zweige aus seinen Augen, die Vögel zwitscherten aufgeregt, der Hirsch schnaubte und trat einen Schritt zurück, und die Luchse und Dachse knurrten überrascht, während der Maus die Schnurrhaare zitterten. Milva reichte Faulenz ihre riesige Pranke. Dann setzte sie sich auf die Hinterläufe und brummte: »Nun geh mit deiner Mutter fort.«

»So fühlt es sich viel besser an.« Erleichtert wandte sich Faulenz an Anders. »Bringt ihr uns jetzt aus Bärenmutters Wald?«

»So heißt der Garten?«, staunte Härtha. »Bärenmutters Wald. Sehr geheimnisvoll und schön.« Sie lächelte in die Runde.

Anders nickte. Da nahm Faulenz Härtha bei der Hand, drehte sich um und schritt auf den Waldsaum zu. Mit einem Mal rissen die grauen Wolken auf und ließen die Sonne hinab auf den Tanzplatz der Leuchtkäfer blicken.

»Kommst du mit?«, fragte Liva.

Milva saß im Farn und sog lange die Luft durch ihre Bärennase. Dann schüttelte sie den Kopf und gab Liva mit einem Nicken zu verstehen, dass sie den menschlichen Eindringlingen nun folgen sollte. »Du kannst schon auf dich aufpassen«, brummte sie. »Sprich du mit den Menschen.«

Liva strahlte über ihre Schweineschnauze und grunzte dann zu Anders: »Rauf mit dir.« Als er auf ihr Platz genommen hatte, folgten sie Faulenz, um ihn und seine Mutter aus Milvas Wald zu führen.

~ 33 ~

Hinter dem
Gurgelwasser

Liva konnte das Plätschern des Gurgelwassers hören. Seit dem
Tanzplatz der Leuchtkäfer hatten sie und Anders kein Wort ge-
wechselt. Faulenz und Graf Pelz waren ihnen stumm gefolgt. Nur
die Baronin bemerkte hier und da, wie erstaunlich geheimnisvoll
und schön Bärenmutters Wald doch war.

Liva musste über so vieles nachdenken. Es hätte alles ganz anders laufen können. Was, wenn die Maus gefressen worden wäre,
wenn sie den Hirsch und die Dachse nicht zur Farnsenke hätte
führen können? Oder was, wenn die Luchse Anders verletzt hätten? Wäre es ihr alleine überhaupt jemals gelungen, Narzbork zu
überzeugen? Und dann regnete es genau zum richtigen Zeitpunkt,
als hätten die Wolken gespürt, dass der Wald Hilfe brauchte. Liva
war einfach nur froh, dass alles so glücklich ausgegangen war. Niemand hatte Schaden genommen, also, außer der Baronin, die aber
jetzt viel freundlicher war und auch gar nicht mehr so aufgebracht
meckerte wie eine wütende Elster, dass die Ohren schmerzten. Sie
wollte auch Anders nicht mehr vernichten, und Milva auch nicht.
Aber am schönsten war, dass Anders nicht Baronerich werden

und lieber bei ihr und Milva bleiben wollte. Bei diesem Gedanken musste sie ganz breit grinsen.

»Da!«, sagte Faulenz plötzlich und brach das allgemeine Schweigen. »Haben wir es geschafft? Ist das da vorne der Waldrand?«

Graf Pelz kläffte freudig und wenige Schritte später blickten sie alle hinaus auf die grünen Hügel jenseits des Gurgelwassers. Die Sonne stand hoch und ließ den Fluss und die regenfeuchten Wiesen glitzern, und ein leichter Wind trieb vereinzelte Wolkenfetzen über den blauen Himmel. Auf der Hügelkuppe nach Krautsaum hin hatten sich die Soldaten gesammelt. Alle, die den Wald betreten hatten, waren zurückgekehrt und saßen oder lagen erschöpft im nassen Gras, außer Hauptmann von Schneid. Der schirmte mit der Hand den Blick vor der Sonne ab und behielt den Waldrand im Auge.

Nachdem Anders von Liva abgestiegen war, verwandelte sie sich zurück in das Feenmädchen mit den langen hellbraun-braunen Haaren. Faulenz verneigte sich vor ihr und Härtha musterte sie von oben bis unten.

Liva lächelte. »Und jetzt?«

»Jetzt sagen wird den Menschen, was sich von nun an ändern wird.« Anders sah zu Faulenz, der nickte.

»Dann, auf.« Liva stieg voran die Böschung hinab in die Furt. Als sie so, einer nach dem anderen, die Böschung hinabkletterten, ertönte vom nahen Hügel plötzlich von Schneids Stimme. »Achtuuuung! Sie kommen!«, rief er nervös. »Formation! Schnell!«

Liva hielt inne. Sie sah zu den Soldaten hinüber, die jetzt wie ein aufgebrachter Bienenschwarm aufsprangen und durcheinanderliefen. Von Schneid fuchtelte mit den Armen und wedelte mit

den Händen. Das gefiel ihr gar nicht und machte in ihrem Bauch ein seltsames Gefühl, so wie wenn ein Rudel Wölfe in der Nähe war.

»Keine Angst.« Faulenz klang ruhig und gelassen. Graf Pelz in seinem Arm gähnte. »Lasst uns weitergehen. Nur zu. Lasst uns einfach in Ruhe weitergehen.«

Liva blickte zu Anders, der auf seiner Unterlippe kaute und ebenfalls aufgeregt wirkte.

»Wer ist dieser fürchterliche Auftreiber«, fragte Härtha in diesem Moment.

»Ähm, Degenhardt von Schneid, Mutter. Er ist der Hauptmann unserer Armee«, antwortete Faulenz.

»So?« Härtha sog tief die Luft ein. »Dann sag ihm, dass er mit diesem Aufstand aufhören soll.« Sie wandte sich lächelnd an Liva: »Oder nicht, junge Dame? Mich macht das ganz wirbelig.«

Liva wusste nicht, was sie meinte, aber die Baronin klang freundlich. Sie nickte und nahm Anders bei der Hand.

Faulenz ging an ihnen vorbei auf den Schilfgürtel zu und hob die Hand zum Gruß. Seine Mutter folgte ihm.

»Noch können wir verschwinden«, flüsterte Liva.

Anders sah sie an und schüttelte den Kopf. »Wir sind jetzt hier und können ein für alle Mal etwas Gutes für die Feen und die Menschen tun. Das müssen wir jetzt versuchen, auch wenn ich der Baronin nicht traue.«

Liva schluckte. »Warum nicht? Nach Narzborks Schlag ist sie doch jetzt nett.«

Anders legte den Kopf schief. »Hoffen wir, dass sie das nicht nur spielt. Komm!«

Die Soldaten, und am allermeisten Hauptmann von Schneid, wirkten nervös, als Faulenz und die Baronin sich zusammen mit Anders und Liva näherten. Von Schneid wies seine Männer an, sich in einem Halbkreis aufzustellen. Er selbst stand mit lauerndem Blick in der Mitte. Liva wusste tief in sich, dass sie als Wildschwein den einen oder anderen umrennen und so vielleicht ausbrechen konnte. Aber Anders müsste sie zurücklassen und das kam unter keinen Umständen infrage. Sie biss die Zähne aufeinander und beobachtete die Soldaten ganz genau. Anders' Griff um ihre Hand wurde fester.

»Schnell, Herrin!«, rief plötzlich von Schneid. »Lauft zu uns. Wir schützen Euch und Euren Sohn.«

Die Soldaten nahmen eine kämpferische Haltung ein. Aber Faulenz hob erneut beschwichtigend die Hand, während seine Mutter stehen blieb, sich umdrehte und sagte: »Aber die Herrin des Waldes ist doch gar nicht bei uns.« Sie kratzte sich am Kopf. »Was faselt der Hauptmann da, Faulenz?« Sie wandte sich an ihren Sohn. »Du wirst diesen wirren Vogel in den Ruhestand schicken, richtig? Such dir besser einen verlässlichen Hauptmann. Vielleicht den da.« Sie zeigte auf Anders. »Der wirkt wesentlich besonnener.«

Von Schneid fiel die Kinnlade runter. »Herrin?«

Seine Soldaten wirkten ebenfalls überrascht und warfen sich fragende Blicke zu. Faulenz streckte seine Brust heraus. »Ich bin nun Euer Herr, von Schneid. Meine Mutter hat mir die Baronie übergeben.« Seine Stimme klang kräftig und bestimmt.

»Nein, mein Sohn!«, sagte die Baronin ruhig.

Liva krampfte das Herz. Anders schien mit einem Mal ganz steif. Und auch Faulenz zuckte bei ihren Worten zusammen.

 243

»Die Baronie hat dir der da übergeben.« Härtha zeigte wieder auf Anders. »Er hat ja in Bärenmutters Wald zu deinen Gunsten verzichtet.« Sie sah die Soldaten und Hauptmann von Schneid an. »Das ist wichtig, finde ich.«

»Herrin?«, wiederholte von Schneid langsam.

»Herr Faulenz, Baron von Heckenrose, heißt es nun, Hauptmann«, sagte Faulenz, der den kurzen Schreckmoment abgeschüttelt hatte, und Graf Pelz kläffte zur Bestätigung. »Ich habe etwas bekannt zu geben, an Euch und an die Krautsaumer. Ruft sie zusammen!« Er sah sich um, ließ den Blick zurück zum Wald und dann zu Anders und Liva schweifen. »Versammelt sie hier auf diesem Hügel. Das scheint mir der richtige Ort für eine solch wichtige Bekanntmachung zu sein.«

»Herr?« Von Schneid sah von Härtha zu Faulenz. »Äh, ja, ja, Herr, sofort.« Er wandte sich an seine Soldaten. »Ihr habt den Baron gehört. Holt alle her, aber zackig!«

Schon liefen die Soldaten los, zurück ins Lager und zum Dorf. Liva atmete erleichtert aus.

Es dauerte nicht lange, bis die Soldaten, Meister Forke und seine Küchenjungen, der alte Johan, Reiser, Hilga und die anderen Krautsaumer den Hügel hinaufgestiegen waren. Alle redeten aufgeregt durcheinander und blickten zur Hügelkuppe, wo Faulenz, Härtha, Hauptmann von Schneid, Graf Pelz, Anders und Liva warteten. Liva sah zurück. Auch wenn Milva und Narzbork im Dickicht des Waldsaumes nicht zu erkennen waren, spürte sie die beruhigende Nähe ihrer Mutter.

~ 34 ~

Baron von Heckenrose

Endlich hatten sich alle eingefunden. Anders blickte in gebannte Gesichter. Als Faulenz die Arme erhob, verebbten Getuschel und Geplapper und es wurde still, so still, dass nur noch das Summen und Brummen der Insekten in der Mittagssonne zu hören war. Er ließ die Arme wieder sinken und räusperte sich. »Hört, Krautsaumer, Soldaten von Heckenrose, Menschen meiner Baronie!« Er tat einen Schritt auf die Menge zu. »Härtha von Heckenrose, meine Mutter, hat mir die Amtsgeschäfte übergeben, eurem neuen Baron.« Seine Stimme klang zum ersten Mal ernst und würdevoll. Von dem unsicheren Jungen war nicht mehr viel übrig.

»Hört, hört«, kam es aus den Reihen vor ihm. Einige nickten, ein paar applaudierten, hörten aber gleich wieder auf, weil Faulenz seine Arme erneut erhob.

»Ich bitte euch: Hört euren neuen Baron an. Die Sterne haben einen Tag vorausgesagt, an dem die Herrschaft der Menschen über die Feen endet, von dem ab wir versöhnlich miteinander leben und gut auskommen werden. Meine Mutter kannte diese Prophezeiung und hat sich mit aller Macht gegen sie gestemmt. Wir sind in Bärenmutters Wald vorgedrungen und haben ihn nur dank der Güte der Feen überlebt. Wir dürfen die Sterne nicht missachten. Ich weiß es nun: Heute ist der prophezeite Tag und ich wünsche, dass ab heute keiner Fee und keinem Kind einer Fee jemals wieder Leid geschehen soll. Feen dürfen all das, was Menschen dürfen. Sie sind unsere Freunde, die Freunde der Menschen.«

Ein Raunen ging durch die Menge. Anders sah vorsichtig zu Härtha. Irgendwie wartete er darauf, dass sie ihrem Sohn ins Wort fallen und alles, was er sagte, Lüge schimpfen würde. Aber die Baronin blickte fasziniert auf das glitzernde regennasse Gras und die Blumen vor ihren Füßen und folgte im nächsten Augenblick einem Schmetterling, der an ihr vorbeiflog.

»Freunde bedienen einen nicht!«, fuhr Faulenz fort. »Man ist nett zu ihnen, so nett, wie Menschen zu Menschen sind. Ich möchte die Feen besser kennenlernen. Ihr auch?«

Ein zaghafter Applaus schwoll an und erstarb kurz drauf in ein paar sanften Klatschern. Faulenz drehte sich zu Anders und flüsterte strahlend: »Gut so?«

Anders nickte.

Da gab Faulenz den Blick auf Liva frei. »Das ist …« Er lächelte Liva auffordernd an.

Anders spürte, wie sie seine Hand ganz fest drückte. Dann winkte sie unbeholfen und murmelte schüchtern: »Livalamisursimani, oder einfach Liva.«

»Ähm, also, Liva, die«, Faulenz blickte zu ihr, »die Bärentochter?«

Liva nickte und Faulenz fuhr fort: »Sie ist bereit, uns Menschen eine Chance zu geben, damit wir sie und Bärenmutters Wald kennen und verstehen lernen können. Denn dieser Tag«, er riss beide

Hände in die Höhe, »und dieser Ort sind ein Neuanfang.« Er zeigte auf Liva und den Wald, »ein Neuanfang zwischen den Feen«, und breitete dann seine Arme vor der Menge aus, »und den Menschen. Ich hoffe, dass wir überall gut zusammenleben.« Hier endete Faulenz, und Graf Pelz hatte nichts hinzuzufügen.

Anders war beeindruckt von Faulenz' Rede. So hätte er das nie hinbekommen. Faulenz war der richtige neue Baron, ganz sicher. Erleichtert atmete er aus und blickte eine gefühlte Ewigkeit in die Menge, die nur stumm zurückstarrte. Die Soldaten sahen sich ratlos an, und Hauptmann von Schneid kratzte sich am Kinn. Aber ganz langsam schlich sich bei der einen Krautsaumerin oder dem anderen Krautsaumer ein zaghaftes Lächeln aufs Gesicht.

»Und jetzt?«, flüsterte Liva kaum hörbar.

Anders wusste auch nicht weiter, da trat plötzlich Härtha von Heckenrose nach vorne, sah ihren Sohn stolz an und applaudierte. »Bravo! Großartig! Wohl gesprochen! Applaus für Baron von Heckenrose! Wird's bald?«

Es dauerte keinen Wimpernschlag, da rief der alte Johan: »Jawohl, recht hat er, der junge Herr!« Und auch er stimmte in den Applaus mit ein. Ab da gab es kein Halten. Die Menschen klatschten und jubelten und ließen ihren Baron hochleben.

Schon drangen die Krautsaumer auf Liva und Anders ein und fragten all das, was sie wohl schon ein Leben lang umtrieb. *Dürfen wir im Wald Beeren sammeln* oder *Glaubst du, Bärentochter, dass wir auch deine Mutter kennenlernen dürfen?* Johan konnte das Grinsen gar nicht mehr lassen und fragte stetig: »Dann hat die Angst vor dem Waldgeist endlich ein Ende?« Und die Kinder fragten Liva: »Bist du auch ein Bär, wie deine Mutter?«

Liva lächelte und nickte, schüttelte den Kopf oder fragte gleich zurück: »Kann ich mal so einen Holztausendfüßler versuchen und warum verbrennt ihr Essen?«

Anders stand einfach nur da, froh, dass Faulenz nichts davon erwähnt hatte, dass laut Prophezeiung er Baron sein sollte. Er war erleichtert, dass alles ein gutes Ende genommen hatte und sich niemand um ihn kümmerte. Nur Reiser blickte ihn unentwegt an, bis er sich ein Herz nahm und fragte: »Sind das eigentlich mein Hemd und meine Hose?«

Anders schluckte und lächelte verlegen.

Feen und Menschen zusammen – Liva und Anders hatten geschafft, was bisher undenkbar war.

Es dauerte einige Tage, bis der junge Baron und sein Tross wieder in Richtung Schloss Heckenrose abgezogen waren. Faulenz hätte es gerne gehabt, dass Anders ihn begleiten und bei der Arbeit unterstützen würde, aber Anders lehnte ab. Er hatte endlich Anschluss gefunden und wollte das um nichts in der Welt aufgeben. Außerdem musste er mehr über seine Verwandlung in eine Quelljungfer und seine Feenkräfte herausfinden. Und dabei konnte ihm keiner besser helfen als Liva und Milva. Die beiden Waldtrolligen brauchten auch jemanden, der ihnen die Menschwelt näherbrachte. Denn es dauerte nicht lange, bis die Krautsaumer verstanden hatten, wo all ihre vermissten Sachen geblieben waren. Aber sie sahen es Liva und Bärenmutter nach. Und Johan war sogar sehr froh, dass der Nachttopf seiner Mutter Milva nun als Kopfschutz beim Eichelnpflücken diente.